JN416097

스토리텔링으로 읽는

Cloud ERP

스토리텔링으로 읽는

Cloud ERP

초판인쇄	2019년 5월 13일
초판발행	2019년 5월 23일
저자	강두원 · 김종일 · 류구희 · 박계진 · 주요섭
발행인	나영옥
발행처	도서출판 **영**
주소	경기도 고양시 일산서구 탄현로 133, 113동 1404호(탄현동, 일산임광진흥아파트)
전화	031) 904-7905~6
팩스	031) 904-7907
등록번호	825-90-00389
E-mail	youngpub@naver.com
ISBN	979-11-88743-50-6 93560

정가 20,000원

이 책은 저작권법에 보호를 받는 저작물이므로 무단전제와 무단복제를 금지합니다.
이 책 내용의 전부 또는 일부를 이용하려면 반드시 저작권자의 동의를 받아야 합니다.

스토리텔링으로 읽는

Cloud ERP

스토리텔링 강두원

전문가칼럼 김종일
류구희
박계진
주요섭

Contents

PART 1

/ 강두원

Contents

PART 2

Preface

강두원 (KPICS 대표)

제가 ERP/SCM 업계에 발을 디뎠을 때 꿈이 많았었습니다. APICS가 인증하는 CPIM, CIRM을 획득하며 지식을 넓혀갔고, 시스템 구축과 컨설팅을 통해 경험을 쌓아갔습니다. 그리고 Fellow가 붙은, 당시에는 우리나라에 저 혼자밖에 없었던 CFPIM 자격도 받아 컨설팅을 했습니다.

한 국제회의에서 ERP가 잘 나가는 기업의 발목을 잡고 있다는 글이 신문에 나왔다는 이야기를 듣고 나의 위치를 점검해보았습니다. 과연 나는 제대로 된 컨설턴트인가?

삼성, LG등에서 많은 교육을 했고, 많은 기업을 컨설팅을 했지만, 내가 해 낸 결과물을 보면... 나는 대한민국 기업들의 ERP/SCM을 내가 아는 이론대로 전개해 갈 실력이 없다는 결론을 내렸고 고민 속으로 들어갔습니다. 그로부터 거의 10년이 지난 2017년, 이성인 KPICS 전 회장님의 권유로 KPICS(한국 조직자원관리협회)를 맡게 되었습니다.

부족하지만 '내가 아는 것을 다른 사람과 나눈다!!'면... 배우고자 하는 젊은 누구에겐가는 도움이 될 것이라 생각했고, 뜻을 같이 하는 실력자들을 찾아 KPICS 세미나를 꽤 성공적으로 진행하고 있습니다.

그 다음은 무엇을 해야 할 것인가?
여러가지 계획이 진행되고 있는데, 책을 쓰는 것도 KPICS 프로젝트 중 하나입니다.

이전에 썼던 소설 ERP 원고를 현대에 맞게 각색하고, 존경하고 교제해 왔던 전문가 몇 분에게 그들의 지식과 경험이 녹아 있는 글을 받아 첨가하여 스토리텔링으로 읽는 Cloud ER를 구성하였습니다.

1부는 ERP(Enterprise Resources Planning)의 개념과 ERP 프로젝트 관리의 핵심을 쉽고 재미있게 이해할 수 있도록 스토리텔링으로 소개합니다.

2부는 등장 인물들의 모델이 된 ERP와 SCM(Supply Chain Management) 전문가이자 실천가로 활동하고 있는 저자들의 조언을 실었습니다. 실전의 경험으로부터 Cloud ERP의 성공포인트를 배울 수 있을 것입니다.

3부는 이 책의 독자인 여러분이 써 나가시는 부분입니다. 1부의 스토리텔링과 2부의 전문가 경험이 여러분의 현실에서 어떻게 구현되는지를 작성하여 보십시오. 훗날의 Cloud ERP 제2판, 3판에는 여러분의 경험과 노하우가 담길 수 있도록 함께해 주십시오!

공동 저자가 되어주신 김종일 선배님, 오랜 친구 주요섭, 사랑할 뿐만 아니라 존경하는 후배 박계진, 류구희께 감사드립니다.
이 책이 나올 수 있도록 애써주신 영출판 현영덕 사장님께 감사드립니다.

Preface

김종일 (경영학 박사, KPICS 부회장)

"우리회사의 ERP는 계륵이다. ERP를 구축하는데 수백억이 들었고 운영하는데 비용과 노력이 많이 들어가고 있으나 성과는 나고 있지 않는 것 같아 포기하고 싶은데 대안이 없어 어쩔 수 없이 그대로 운영하고 있는 실정이다. 무슨 좋은 방안은 없을까?"
ERP를 구축해 사용하고 있는 어느 대기업 사장이 하신 말입니다.

1990년대부터 대기업을 중심으로 활발히 구축되기 시작한 ERP는 현재 중소기업을 포함해서 거의 모든 산업에서 기업들이 이 솔루션을 기반으로 기업을 운영하고 있을 정도로 보편화된 정보시스템입니다.

기업들이 이 ERP를 도입하는 주요 목적은 ERP가 가지고 있는 범세계적인 베스트 프랙티스 프로세스(global standard process)와 정보시스템을 동시에 구현해 기업의 경쟁력을 높이고자 하는데 있습니다. 그러나 국내 대부분의 기업들은 ERP를 통한 기업 경쟁력 제고에 실패하고 있습니다.

실제로 필자가 진단을 했던 기업들은 이름만 들어도 알 수 있는 굴지의 대기업으로 ERP를 구축하는데 수백억 이상 투자를 하였으나, ERP를 통해 당연히 얻을 수 있는, 얻어야만 하는 성과를 얻고 있는 기업은 찾아볼 수 없었습니다. 해당 기업이 국내에서 IT 투자에 대표적인 기업들인 것으로 미루어 볼 때 이런 현상은 거의 대부분의 기업이 처해 있는 현실로 예상됩니다.

ERP는 모든 기업 활동에 사용되고, 이 활동의 적정성과 생산성을 계량화해 정보를 제공하는 엔터프라이즈 시스템의 인프라 역할을 하는 아주 중요한 시스템이기 때문에, 실제 ERP를 성공적으로 구현한 기업과 그렇지 못한 기업 간의 경쟁력 차이는 대단히 큰 것으로 나타나고 있습니다. 실제로 동일한 제품을 생산 판매하는 두 기업이 년간 수백억 원의 성과 차이를 보이는 경우도 보고되고 있습니다.

그럼에도 불구하고 이런 문제가 자신의 기업에서 발생되고 있는지를 인지하지 못하고 있는 것이 현실입니다. 이는 ERP를 통해 반드시 달성되어야 하는 내용이 무엇인지를 명확하게 알지 못하고 있기 때문입니다.

이 책에서는 ERP를 구축해 사용 중에 있는 기업이 반드시 달성해야 할 몇 가지 기본적인 체크 항목과 내용을 제시해 각 기업에서 이를 가지고 자신의 기업에 ERP가 문제가 없는지를 진단할 수 있도록 하였습니다. 이 기본적인 체크 항목은 ERP가 성공하느냐 실패하느냐에 결정적인 영향을 주는 것들입니다. 이것이 기업경영에 조금이나마 기여를 했으면 합니다.

Preface

류구희 (더커리어스탁 대표)

2019년 이후의 경영환경은 상상할 수 없는 미래에 대비해야 합니다. 4차 산업혁명으로 대변되는 작금의 변화는 우리가 경험했던 것들을 뛰어 넘는 것들이기 때문입니다. 한 미래학자가 예언하길 '과거의 성공경험은 현재 이후로는 전혀 쓸모가 없습니다!'라고 단언한 것을 간과해서는 안되겠습니다. 그만큼, 변화의 빠름, 예측불허, 광범위함에 대비해야 함을 의미합니다.

기업은 살아있는 생물과 같습니다. 기업경영환경 변화에 능동적으로 대응해 나가야만 생존이 가능합니다. 단순한 생존이 아닌 성장과 지속가능 경영을 도모하려면 더 많은 에너지를 쏟아 부어야 합니다. 과거의 경험으로 미래를 예측하여 대비할 수 있었던 과거의 방식으로는 어렵습니다. '예측하기 보다 창조하라'는 메시지가 더욱 설득력있게 와닿는 이유입니다.

AI(Artificial Intelligence)가 이 모든 상상을 현실로 바꾸어 놓고 있습니다. 현재 진행형입니다. Big Data를 분석하여 패턴을 발견하고 이를 기반으로 미래를 예측합니다. 이에 그치지 않고 우리가 상상하지 못한 방향, 영역으로의 새로운 창조를 만들어 낼 것입니다. 그러한 상황에서 우리, 개인은 어떤 역할을 해 나가게 될 것인가를 고민해야 하겠습니다.

개인과 개인이 연결되어 이루어진 조직 역시, 보유한 자원의 연결과 효율화 그리고 시너지를 위해서는 혁신적 방식으로의 전환이 이루어져야 합니다. 수평적인 접근에서 입체적인 접근으로, 과거의 패턴을 통한 예측에서 철학을 바탕에 둔 창조로 바뀌어 나가야 합니다. 그것이 우리가 추구하는 인간이 만들어 가는 'AI에 의한 산업변혁이 아닌, 인간에 의한 산업변혁'이 될 것입니다.

'클라우드 ERP'는 기업현장에서, 조직자원의 효율화 측면에서 새로운 발상의 전환을 제시하고 있습니다. 특히, SCM, ERP의 성공적 변화관리는 물론 관련 조직자원(개인, 일, 프로세스, 지식)의 연결과 역량강화에 대한 해결점도 모색해 볼 수 있습니다. 우리는 이제, 예측하기 보다 창조해야 4차 산업의 파고를 넘어서게 될 것입니다.

Preface

박계진 (삼성SDS 수석)

"나눔은 또다른 행복입니다"

꽃비가 내리는 따스한 봄날에 지난 30여년을 이끌어 주시고 도와주시던 선배님들과 함께 짧은 지식을 담아 책을 낼 수 있어 행복한 시간을 보냈었습니다.

혼자라면 결코 할 수 없었을 일을 나눔이라는 의미를 생각하며, 서로의 전문 분야를 영역별로 나누고 또한 내가 가진 지식을 나누어 하나의 책이 드디어 완성 되었습니다.

돌이켜보면 지난 30년간의 회사 생활에서의 다양한 경험과 정해진 규칙, 그 속에서 요구되는 변화를 위한 혁신, 그 중심에는 항상 ERP가 있었습니다.

운 좋게도 입사와 동시에 훌륭한 선배님들과 항공기 생산을 위한 ERP도입의 구성원이 되었고, 밤을 지새며 ERP 적용을 위해 고민했던 순간들, 하나라도 더 배우기 위해 외국인들과 가졌던 토론의 시간들이 더할 수 없는 다양한 경험을 할 수 있게 해 주었습니다.

그때의 경험이 바탕이 되어 시스템적인 생각과 논리적 접근으로 경영혁신을 수행하고, IoT 기술과 ERP의 연계등에 대해 이번 기회를 통해 일부나마 정리할 수 있었습니다.

생각하며 알고 있는것과, 알고 있는 것을 나누는 일이 얼마나 다르며, 또한 발표나 대화를 통한 나눔과 이렇게 책을 통해서 나누는 것이 얼마나 다른 지를 알게 해주는 좋은 시간이었습니다.

이렇게 지면을 통해 작은 지식이지만 나눔을 할 수 있어 무척이나 행복했습니다.
하나의 꽃잎이 떨어지면 슬퍼 보이지만 무리를 지어 떨어지는 꽃잎은 많은 사람들에게 축복을 주듯이 하나하나의 지식 나눔이 모여 모두에게 행복이었으면 좋겠습니다.

Preface

주요섭 (해성T&S 대표 / KPICS 부회장)

SCM/ERP 등 '기업의 운영체계 정립'에 관한 일을 오랫동안 해 오면서 느낀 점은, 많은 기업들이 비슷한 시행착오를 겪고 있다는 것이었습니다.

SCM에 대한 기본적인 경영층의 이해부족은, Business Operation 운영효율을 높일 수 있는 확실한 기회를 스스로 놓치는 결과로 이어졌습니다. ERP에는 많은 예산과 시간, 인력을 투입하면서도, SCM은 또 다른 중복 투자라는 오해도 많다는 것을 느꼈습니다. 설사 SCM 체계구축을 위한 프로세스, 시스템을 도입한 기업이라도, 구축상의 많은 시행착오와 이후 SCM 활용도 측면에서 많은 아쉬운 점이 있었습니다.

이에 조금이나마 기업의 운영효율을 높이기 위한 노력으로 'SCM 체계정립' 이라는 졸저도 발간했었고, KPICS 세미나에서 여러 번 관련주제 발표를 하기도 했습니다.

이번에 강두원 KPICS 대표의 'Cloud ERP' 발간에 붙여, 다시한번 ERP와 SCM간의 근본적인 개념을 간단하게 첨부했습니다. ERP는 실행을 위한 IT 기간 시스템입니다. 이 ERP를 제대로 활용하기 위한 SCM의 역할은 무엇이며, 구체적으로는 SCM의 생산계획 시스템이 ERP의 MPS를 어떻게 도출하는 지를 요약했습니다. MRP는 MPS의 기준에 따르고, MRP의 결과대로 실행하는 것이 ERP의 기본적인 메커니즘이기 때문입니다.

이론과 실제는 항상 어느정도 차이가 있게 마련입니다. 그러나 이론적 뒷받침이 없는 운영은 쉽게 정착되지 못하고, 또 쉽게 무너질 수밖에 없습니다. 중요한 점은, 더 이상 구축상의 시행착오를 겪지 않아야 한다는 것이고, 이후에도 스스로 탄탄한 기업문화를 만들어갈 수 있어야 한다는 것입니다. 그런 차원에서 이 책이 조금이나마 도움이 되기를 기대해봅니다.

스토리텔링으로 읽는

Cloud ERP

1

PART

Cloud ERP
Do you want to connect?

강두원

Prologue 탑 클라우드

Cloud ERP

휴~

정확히 2분 전이군!!

기원이 탑 클라우드에 도착하면서 시간을 보았다.

전철 타고 오면서… 조금 늦겠다에서 시작해서 20분 늦겠다, 30분 늦겠다는 메세지들을 확인하면서 왔기에 시간적 여유가 있었지만, 내심 늦어도 10분 전에는 도착하고 싶었기에 마음이 급했다.

일찍 도착하려고 마음먹고 전철을 타고 왔지만, 겨우 시간을 맞췄다. 오랜만에 전철을 탔더니 갈아타기가 청년 때 같지 않아 차 한대 놓쳤더니 10분이 훅 지나가버린 것이다.

예상대로 예약된 자리에는 아직 아무도 오지 않았다.

안내하는 자리에 앉아 창 밖을 보니 차가 많이 밀려있다.

4거리 신호등은 숨가쁘게 깜빡거리지만, 병목현상은 금방 해결되지 않을 것같다. 잠깐 빠르게 달리고 요리조리 피해 가는 것도 잠깐이다. 다음 신호등에 밀려 있는 차 뒤에서는 더 이상 움직이지 못한다.

더 늦을 지도 모른다.
그래도 기원의 마음은 설레고 있었다.
왜 이럴까? 연애하는 사람을 기다리는 것도 아닌데.

지난 번 대학시절의 동아리 모임 20주년 기념 행사로 추억의 윤교수님이 빤짝 등장하셨었다. 그 동안 ERP/SCM 업계의 침체에 대한 책임감도 느끼고, 개혁과 개선을 호소했으나 나를 비롯하여 돈을 쫓아가는 제자들로 인해 실망해서인지 교수 은퇴와 동시에 잠적했었는데, 그의 등장은 우리에게 어떤 희망이자 기대였다. 그 때는 행사 순서를 따라 가느라 얘기할 시간이 없어 아쉬웠는데, 교수님이 만나자고 연락이 온 것이다.

윤교수님은 현역에서 은퇴한지 오래되었지만, 명성이 있어 한 번씩 자문 요청을 받고 있다고 했다. 웬만하면 사양해 왔는데, 이번에 클라우드 ERP 프로젝트 자문을 요청받았고, 현역에서 일하는 나를 만나 최근 동향을 들어보고 싶다고 말씀하셨다.

왜 나일까?
나도 꿈과 달리 많은 것을 포기하고, 겨우겨우 조직을 꾸려가고 있는데.

테크놀로지나 기업 환경이 어떻게 변화되었는지 등에 대해 제자인 나에게 물어 볼 것이 있다고 시간을 내 달라고 하셨는데, 사실 나도 프로세스 쪽이지 IT는 감이 많이 멀어졌기에 적당한 대답을 할 수 없을 텐데…

교수님이 어떤 질문을 하실지… 나에 대한 기대가 얼마나 클지 걱정되었다. 아직 Cloud ERP라는게 ERP 업체에서 클라우드 기반의 ERP를 만든 것으로, Data 처리 및 보관 장비의 변화로 3A(Any time, Any place, Any device, 언제나, 어디서든, 어떤 기기로도) 구호는 내걸고 있지만, 이 정도야 윤교수님도 알고 계실 것이기 때문이다.

ERP 개념 자체는 크게 변한 것도 없고, 변할 것도 없다. Cloud ERP는 이거다 하고 정립된 것도 빈약하기 때문에 나 혼자의 경험이나 생각보다는 실무에 있는 다른 사람의 생각도 듣고 싶고, 이들도 윤교수님 만나고 싶어해서 몇 분을 더 모시다 보니 규모가 조금 커졌다.

창 밖 신호등에 차가 멈춰 있는 것을 보다, 고개를 돌려 프론트 쪽을 보기를 몇 번 하다 스마트폰 메모지를 꺼내보았다.

오늘 예상 질문에 대한 나름 답변을 준비한 메모이다.

1. 클라우드 ERP 개념

모든 소프트웨어 및 데이터는 인터넷 데이터 센터(IDC)의 클라우드에 저장되고 네트워크 접속이 가능한 PC나 휴대폰, PDA 등의 다양한 단말기를 통해 장소에 구애받지 않고 일하는 환경을 구현.

2. 지난 20년 동안 어떤 발전이 있었나?

- 기업 요구
- 개인/회사원 요구
- 통신 / database / 단말기
- 관련 S/W

3. 문제는?

- IT로 해결하는 것이 아니다. 프로세스를 해결하기 위해 IT를 사용하는 것이다.
- 사용자들은 너무도 공부를 하지 않는다. 우리 회사에서 ERP를 쓰는데, 이 ERP가 어떻게 움직이는 지, 중요 변수가 무엇인지 알지 못한다.
- 현재 ERP 사용 세대는 선배들이 커스트마이징 해 놓은 ERP 화면을 단순 사용할 뿐이다. 로직이나 파라미터에 대해서는 거의 모른다.

4. 방향은?

전화벨이 울렸다.
설기철 교수~표시가 뜬다. 사촌 동생이다.

기철이? 웬일이지?

기철아 반갑다.
기원아 잘 있었재? 작은애비다.

아 예… 작은 아버님. 건강하시죠?

그란데… 내 빼고 너들 끼리만 모인다는 소문 들어뼀다 아이가.
윤교수님도 오신다매… 내한테는 연락도 한하고. 서운하다.
내 가도 돼재?

기철이가 운전해서 모셔오는 모양이다.

아 그럼요. 환영합니다.
그런데…어떻게 아시고

하하… 내가 모리는기 오데있노? 다 내 손빠닥에 있능기라.
윤교수 한 번 보고저버서 강께나 내는 인사만 하고 빨리 꺼질께.
늙은이 주책부린다꼬 너무 미워하지 마라.

미워하기는요…
저녁 진지 안드셨죠?

묵다(먹었다). 신경쓰지 마라.

아~ 알겠습니다.
준비해 놓을테니 끝까지 같이 계세요.
다들 조금 늦으신다니 천천히 오세요.

살짝 당황했지만… 역시 작은아버님이시다….

옛날 생각과 함께 입가에 웃음이 돈다.

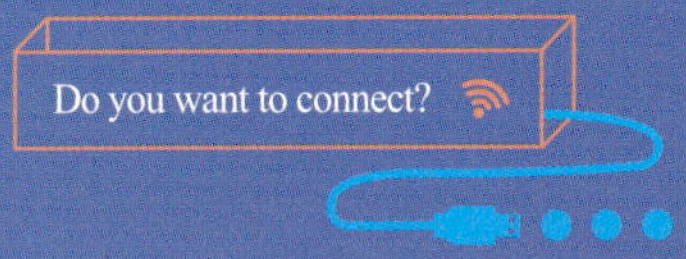
Do you want to connect?

01 Cloud ERP 이 갈리는 ERP

학생에게 방학이란 좋은 것이다. 겨울 방학은 더욱 좋다. 기간이 길기도 하고, 설이 음력 양력으로 두 번이나 있는데다, 크리스마스에 연말연시 좋은 분위기가 이어지기 때문이다.

신정에는 친지들이 모여 간단히 아침을 먹었다. 어릴 적 같으면 세뱃돈을 받을 수 있는 황금 어장이었는데, 군대까지 갔다 온 녀석이 손 벌릴 수도 없고… 센스 있는 고모님은 용돈을 주시려나?.

설날과 친척을 떠올리자면 빼 놓을 수 없는 분이 작은 아버님이다. 어릴 때는 엄청 무서운 막내 삼촌이었고, 설이나 추석에 세뱃돈, 용돈 일절 없던 분이셨지만, 내가 고등학교에 입학 하던 해에 의외의 선물을 주신 분이다. 당시 거금 100만원을 주시면서 '엄마에게 빼앗기지 말고 네 의지대로 잘 계획해서 써봐' 하셨던 멋쟁이시다.

그리고 내가 대학에 입학하던 해에는 노트북 컴퓨터를 사 주셨다. 지금은 윈도우가 겨우 돌아갈 정도의 고물 취급을 받지만, 당시로는 최신형이었다. 군에 들어가기 전까지만 해도 나의 보물 제 1호였던 컴퓨터이다.

나의 한 해의 시작은 작은 아버지께서 준비하신 선물 보따리에 관심이 쏠렸었다. 워낙 의외의 큰 보따리를 준비하시기 때문에, 그러나 뒤에 생각해 보면 참으로 합당한 보따리를 준비하시기에 대학 졸업반을 맞이하는 이 나이에도 기대가 없는 것은 아니다.

작은 아버지의 질문 1호는 "그래 요새는 무슨 공부 하고 있노?" 조금 변형되면 "요즘은 무슨 책 읽고 있노?" 이다.

억척스런 경상도의 사투리가 서울에서 고생 꽤나 하고 있을 터인데도 전혀 바꾸실 의향이 없는 분이다.

한 번은 어머니가 '그래 요새는 무슨 공부하고 있노?'란 말을 옆에서 듣고… '요새가 누구예요?' 묻는 바람에 박장대소를 했던 기억이 난다.

어머니가 미소 지으며 '아~ 예' 하고 얼버무릴 때에는 아버지가 반드시 통역을 해 주어야만 오해 없이 다음 대화가 진행될 정도이다.

그 날도 여지없이 같은 질문으로 인사를 대신하셨다.

"기원이가 벌써 졸업반이라고… 그래 요즘은 무슨 공부하고 있노?"

"ERP(Enterprise Resources Planning)와 SCM(Supply Chain Management)에 대해 공부하고 있습니다. 작은 아버님 회사 같은 중소기업에서도 사용할 것 같은데요"

"뭐 ERP! 그 이가 갈리고 알이 배고 피가 나온다는 시스템 말이냐? 나는 ERP에 E자만 들어도 이가 갈린다."

"작은 아버지도 참, 군대 계실 때 받은 PRI 사격 훈련이 피가 나고 알이 배고 이가 갈린다는 거죠? ERP는 고객의 주문을 받아 생산하고 배달하는 전 과정에 필요한 정보 시스템이잖아요. 중소기업도 ERP를 잘만 사용하면 돈의 흐름이 한 눈에 파악할 수 있어요. 재고가 획기적으로 줄고 생산성이 증가합니다. 정부에서도 우리기업이 세계 경쟁력을 갖기 위한 유일한 대안이라고 지원도 많이 하는 것으로 알고 있는데요."

"하~ 이 친구도 장사꾼들하고 똑같은 소리만 하네. 너 정신 제대로 차리고 공부해라. 잘못하면 사기꾼 된다.

형님, 형수님! 기원이가 공부한다는 것 잘 봐주어야 할 것 같습니다."

의외의 과민 반응에 당혹스럽기도 했지만 은근히 분한 마음도 생겼다. 복학 후 지난 1년 동안 ERP에 대해 내가 생각해도 기특하리 만큼 열심히 공부해 온 터였다. 모처럼 공부에 열중하는 내 모습보고 부모님 또한 흡족해 하셨고, 내가 ERP에 대한 비전을 말할 때마다 기대에 찬 눈으로 바라보셨는데…

작은 아버지가 말씀하시는 ERP 프로젝트의 부정적인 요소에 대해서도 모르는 바는 아니었다. 그 문제들을 놓고 여러 번 세미나와 토론을 거쳤으나, 매번 ERP의 대안은 없다는 것으로 결론이 나곤했다. ERP에 대해서는 어느정도 말할 수 있는 자신이 있었기에 작은 아버지께 아는 척 좀 하면서 용돈을 얻어볼까 했는데, 대꾸 한마디 못하고 작은 아버지의 의외의 반응에 눌려 눈치만 보고 있었다.

작은 아버지가 합리적이기에 찬근차근 설명드려 설득할 자신은 있었지만, 아침 식사를 앞둔 상황이라, 분위기를 버리고 싶지 않아서 꾹 참았다. 말씀을 계속하지 않았지만 기분이 언짢기는 작은 아버지도 마찬가지셨던 모양이다. 아침을 드시면서 작은 아버지가 운영하시는 회사 얘기를 하시다가 ERP로 들어서서는 흥분하시기 시작했다.

"형님… 그리고 형수님이 잘 들으셔야 합니다. 내 이알핀가 뭔가 때문에 고생한 이야기 좀 들어보시고, 기원이 진로를 다시 생각해 보세요."

'작은 아버지 왜 그러세요? 하실 얘기 있으면 저랑 1대1로 하자구요.' '왜 어머니는 끌고 들어가세요.' '아버지는 많고 많은 덕담 중에 하필이면 회사 얘기를 꺼내셨어요?' 하고 싶은 말은 많은데, 가슴에만 묻어 두자니 애가 탈 뿐이다.

"재작년 초 였죠 아마. 회사에 전산팀장이란 친구가 그 ERP를 해야 된다고 기획서를 만들었더라구요. 그 친구 실력도 있고, 평소 하는 일이 믿음이 가서 한 번 추진해 보라 했죠.

돈을 얼마나 달라고 했는지 아십니까?

4억이 든다는 것입니다.

아 우리 회사 1년 매출이 겨우 400억인데, 잘 해야 20억 이익 나는데 그 1/5을 내 놓으라는 거요.

내가 품의서를 검토하면서 그 친구 얼굴을 물끄러미 쳐다봤죠.

아무리 네 돈 아니라고 그렇게 막 달라고 해도 되느냐고요. 그 돈으로 우리 직원 200명한테 보너스를 줘도 200만원씩은 줄 수 있는 돈이요.

그런데 그 친구 왈, 회사가 잘 될 때 정보 인프라에 투자를 해야 한다는 기요. 앞으로를 위해서…

제가 앞으로… 미래… 비전 어쩌구 하면 맘이 약하지 않소. 그래서 좀 줄여 보라고 했습니다.

두어 번 깎고 나니 2억5천까지는 내려가는데 더 이상은 내려가지 않더라고… 이사회 안건으로 올려 전문가를 불러서 설명하라 했더니 영어 섞어가며 뭐 복잡하게 설명하는데… 나는 잘 알아듣지 못하겠더라고요.

우리 임원들이 또 영어에 약하니까 그냥 넘어 갔는지… 아니면 사전 공작이 있었는지 하나같이 ERP를 해야 회사의 미래가 있다는 거예요. 임원들이 이러니 나 혼자 반대할 수도 없고… 또 임원들을 믿었죠.

10개월이면 된다고 합디다. 그리고 1년이면 재고 절감이 수 억원 된대요.

그래서 내가 최대한 밀어 줄 테니 책임감 갖고 해보라고 했죠. 이사도 하나 똑똑한 친구로 붙여 줬어요."

ERP의 시작은 제법 거창하였던 모양이다. 매출 400억 정도의 규모에서 2억 5천을 들인 것이 당시로는 적은 돈이 아니었으리라. 처음엔 4억 규모로 시작되었으니 중견 시스템 업체들이 달려 들었을 것이다.

요구 수준도 현실을 무시한 채 4억원에 걸맞는 아이디얼한 수준을 했을 것이다. 가격을 반으로 줄이는 과정에서 제일 먼저 교육 비용이 날아갔을 것이고, 다음으로 컨설팅 비용을 줄이면서 고급 컨설턴트를 초급으로 바꿔 나갔을 게 상상이 된다. 세미나에서 익히 들어 왔던 시나리오다.

"처음엔 말 빨 꽤나 있는 친구들이 와서 모든 걸 다 해 줄듯이 얘기하였었죠. 반신반의 하면서도 계약 문구에 못 박아 놓았으니까 문제없겠거니 생각했는데…

착수 미팅(킥오프)을 하자길래 현장 직원까지 다 불러서 대대적으로 시작했어요. 그런데 한 달 후에 컨설턴트 팀을 보았더니 어린애 같은 새파란 친구들만 남아 있더라구… 그 친구들이 뭘 컨설팅하겠다는 건지 몰라도 정말 기막히는 상황이었습니다…

전산팀장을 불러 따졌더니, 적은 돈으로 효과를 보려면 그런 친구가 상주하고 고참들은 1주일에 한 두 번 오는 게 좋대요… 실무자가 좋다는데 내가 뭐랄 것 있나. 일만 잘되면 되는 거지…

두어 달 더 지나서 프로젝트팀하고 현업 실무자들 하고 싸움이 나서 난리예요. 하니마니… 두 쪽을 불러 설명을 듣는데 프로젝트팀이 많이 잘못 했더라구요. 컨설턴트라고 와서 업무를 실컷 물어봐서 대답해 주면 며칠 뒤에 똑 같은 것 물어보고, 이해 안 된다고 또 물어보고 도대체 가르치러 온 건지 배우러 온 건지 모르겠다는 거예요. 한 술 더 떠 업무도 모르면서 이게 잘못된 것 아니냐. 저게 잘못된 것 같다. 감 내라 배추 내라 간섭까지 한다는 겁니다."

진행 과정도 눈에 보일 듯 하다. 초급 컨설턴트는 경험이 부족하여 회사의 운영체계를 이해하지 못하고, 현업에서는 자기 업무 우월 주의에 빠져 타인을 인정하려 들지 않는 상황. 전산 팀장이 이끄는 프로젝트팀만 이리 뛰고 저리 뛰다가 지쳐 포기하고, 다른 이들은 강 건너 불구경 하는 게 상상되었다.

"그래도 ERP가 중요하다 길래, 어차피 돈 들였으니 열심히 하라고 프로젝트팀 손을 들어 줬지요. 뭔가 변화한다는 것은 위험하긴 하지만 시도해 볼만 하잖아요. 그 이후에도 두어 번 더 싸웠을 거야. 현업하고 ERP팀하고 싸우면 무조건 ERP팀 손을 들어 줬어. 나는 잘 모르지만 ERP를 믿었으니까. 그랬더니 말이 없어졌죠.

그리고 10개월 가까이 되니 다 구축되었다고 외부 컨설팅팀은 두 명만 남기고 다 나간다고 하더라구요. 완료 보고회 아주 멋지게 했어요. 감사패 주고 상도 주고…"

작은 아버지는 멋지게 완료되었다고 생각하셨겠지만 그건 겉모습뿐이었고 실상을 그렇지 않았을 것이다. 현업과 프로젝트팀은 대화가 끊어져 각자의 일을 했을 것이다. 프로젝트팀은 현업의 요구를 수용하기 위해 프로그램을 대폭 수정하였을 것이 뻔하다. 테스트 데이터로 전 과정을 두어 번 돌려본 결과 돌아는 갔겠지만, 숨겨진 문제들을 애써 들추려 하지 않았을 것이다.

테스트가 끝난 시점에서 컨설팅팀을 붙잡아 놓을 명분도 없고, 프로젝트 팀 내에서도 계획대로 완료보고 할 것을 요구해왔을 것이다. 전산팀장은 내심 불안하였지만, 두 명이 볼모로 남아 있으면서 문제가 생기면 해결해 준다는 약속을 받고 완료보고를 하였을 것이다.

프로젝트 요원들은 자신들의 원 부서인 현업팀과 마찰이 생기자 곤란하였고, 프로젝트 10개월 동안 지칠대로 지쳐 일단 프로젝트를 떠나고 싶었을 것이다. 그래서 모양만 맞춰 프로젝트를 완료보고 하고, 전산팀에서 운영에 들어 갔을 것이다.

"전 기대가 컸었죠. 재고가 줄어든다고 하지, 생산 일정을 판매에 맞춘다고 하지, 게다가 결산이 다음달 3일이면 나온다는 겁니다. 그 전엔 결산서 한 번 보려면 보름도 더 기다렸거든요. 내가 더 이상 바랄게 뭐가 있었겠어요.

그런데 무언가 좀 이상했어요. 현장을 돌아다니면서 물어보니 마치 남의 일같이 말하는 거예요… 뭔가 잘못되었다 싶어 전산팀장을 찾았죠. 이 친구 어디에 숨어 있는지 찾는데 한나절 걸렸어요. 죄 진게 있으니 도망 다녔나 봐요.
겨우 찾아서 물어 봤죠.

왜 안되는데???"

과로로 지친 전산팀장이 더 이상 도망갈 길이 없자 오히려 대들었다고 한다.

"사장님!! 솔직히 말씀드리겠습니다. ERP를 성공하려면 가장 먼저 꼽는 것이 최고 경영층의 지지와 참여가 있어야 한다는 것입니다. 사장님은 물론이고 우리 임원들이 보고만 받으실 줄 알았지 ERP 성공을 위해 뭘 하셨다고 생각하십니까?"

"적반하장도 유분수지. 쥐새끼가 고양이 목을 무는 격이야. 참 기도 차지 않는 거예요… 서운하기도 하고. 내가 경비 줄인다고 현장이나 사무실은 1원도 아끼라고 하는 사람인데 무려 2억 5천을 투자하고 알토란 같은 친구들만 뽑아서 프로젝트팀 넣어줬더니… 고작 한다는 소리가 보고만 받을 줄 알았지 뭘 했냐는 거예요. 서운했죠."

작은 아버지가 서운해할 만도 했다. 동서양을 막론하고 ERP 성공조건이나 실패사유로 가장 먼저 내거는 것이 Top Management의 Committment이다. 솔직이 최고경영자가 돈 대주고, 격려해주면 더이상 바랄 지지가 무엇인가? 의사 결정은 프로젝트 팀이 정답을 찾아 거의하고 설득해야 하는 것이다.

물론 공장장 같은 분이 생산시스템에 대해서는 자기 생각을 고집하고 새로운 ERP 체계를 고집할 수 있다. 프로젝트 리더로서는 당혹스러운 환경이지만, 이 역시 CEO나 상위자의 힘을 빌어서라도 프로젝트 목표에 맞게 유도해야 하는 것이 임무이다.
이런 것들이 좌절되면 좋지 못한 프로젝트 매니저는 높은 사람 핑계를 댄다.

그래도 자식 이기는 애비 없잖소.
직원들도 자식이나 마찬가지거든…
그래서 그 날 오후부터 프로젝트에 남아 있는 친구들을 데리고 사우나로 가서 목욕시키고, 저녁먹이고, 마음껏 써보라고 누구도 안 주는 카드를 그냥 맡겼죠.

다음 날 아침은 빌빌하더니 오후 되니까 뭐가 되는 것 같더라고… 그런데 며칠 지나도 현장은 마찬가지예요. 돌리고 부수고 지네들끼리만 갖고 노나 봐. 큰일났다 싶어서 프로젝트 팀에 자리를 하나 갔다 놓으라고 했죠.

형님, 형수도 알다시피 내가 얼마나 바쁩니까? 중소기업 사장이 과로로 죽기 딱 좋은 게 대한민국 실정 아니요. 그런데도 시간만 있으면 프로젝트팀에 가서 앉아 있었죠. 졸려도 졸지도 못하고… 직원들은 불편해 하는 게 눈에 보이지… 나는 안 불편한가?

그런데 이 전산팀장이란 친구는 자리에 앉아 있는 걸 못 봤어요.
어디 갔나 물어보면 현장 나갔대. 손바닥만한 현장 어느 구석에 숨어 있는지…
그러다가 회사 한 모퉁이에서 마주쳤어요.
'왜 또 안 되는데??'
'예 현업에서 기초데이터를 맞춰주지 않습니다.'

순간 나는 피식 웃고 말았다. 최고 경영자의 헌신이 ERP프로젝트 매니저의 변명 공식 1번이라면, 이건 변명 공식 2번이다. 불쌍한 작은 아버지…
다행히 작은 아버지는 내가 웃어버린 것을 눈치채지 못하셨다. 어머니께서 눈으로 핀잔을 주셨다.

"ERP, 특히 제조업종에서의 ERP는 BOM과 생산계획, 그리고 재고로 계산을 하는 시스템인데, 이와 관련된 기초데이터가 맞지 않으니 시스템이 정확히 틀린 답을 줄 수밖에 없습니다"

쓰레기를 넣으면 쓰레기기 나온다. Garbage In Garbage Out
이 정도의 속담은 작은 아버지도 잘 알고 계신다.

"재고가 맞지 않다니? 그게 다 돈인 건 아나?"

"물론 알고 있습니다. 재고라는 것은 중요도에 따라서 A, B, C로 분류하여 A품목은…

"이 사람아… 헷갈리게 나열하지 말고 결론만 얘기 해"

"예 미 국방성 기준에 의하면 ERP가 수행되기 위해서 95% 이상의 재고 정확도를 보증해야 하는데…"

"뭐라고? 이 사람이 정신이 있나 없나 95%라니 100%가 아니고??"

전산팀장이 미국 국방성 기준을 들먹이며 재고의 정확도가 95% 이상이어야 한다는 말에는 자재 문제로 골머리를 앓아 온 작은 아버지는 노발대발 하셨다 한다.

자재가 모두 돈인데 100% 정확한 게 아니라 95% 이상이라는 말 자체가 마음에 들지 않아 정신상태가 썩어 먹었다며 화를 내셨던 모양이다. 그리고 부서별 재고 정확도를 조사해서 다음 날 아침 간부회의에서 발표하라고 지시를 하셨다 한다. 간부회의에서 전산팀장은 한 장으로 요약된 부서별 전산 재고와 실물재고의 정확도 분석 자료를 발표하면서 각 부서의 협조를 당부했다.

"여러분들 잘 들으세요. 처음에 ERP 해야 된다고 하신 분들이 당신들이었소. 나는 지금도 잘 모르지만 그때는 생판 모르는 말이었고, 여러분들이 ERP만 사주면 잘 할 수 있다기에 2억5천 들였소. 여기에 임금비 더하면 배는 될거요. 매출 400억 회사에서 매출 이익 20억 안밖인데 그 중 5억을 ERP 경비로 썼단 말이오.

우리 식구 좀 늘어나서 250명 잡고, 인당 200만원이요. 200만원. 당신네들이야 200만원 엿 사먹었다 하면 그만일지 몰라도, 우리 식구들 중에는 여사원도 있고 주부사원도 있소. 그 사람들 200만원을 우리가 엉뚱한데 쓰면 되겠소?

그래 전산팀장 기초 데이터가 맞지 않는다고?
기초 데이터를 못 맞춰서 1년이란 세월과 5억을 버린다니 말이나 되는거요.
이어폰 생산팀장! 기초데이터 다 맞추려면 얼마나 남았어?
마우스 생산팀는 어떤데?
나 두고 볼겁니다.!!"

전산팀장의 의미있는 미소도 잠깐, 살벌한 회의가 끝나기 무섭게 전산팀장은 고참 팀장들로부터 많은 핀잔을 들었다. 왜 사장께 바로 찌르느냐. 우리가 웬만한 것은 다 들어 주지 않았느냐. 부서 회의는 뭐 하는데 쓰는거냐???

그렇지만 3일이 지나자 데이터는 맞춰졌다 한다.

리드타임이 잘 맞춰졌다면 ERP의 결과는 멋지게 나왔으리라. 그러나 이 상황도 몇 일을 버티지 못하는 것이 일반적이다. 억지로 데이터를 집어 넣는 것도 있지만, 일정이 수시로 변해서 어느 장단에 맞춰야 할지 몰라 시스템을 포기하고 작업반장의 지시를 듣게 된다.

그리고 시스템에는 데이터를 모아서 한꺼번에 입력시킨다. 그리고 모은 데이터는 입력을 차츰 미루게 된다. 앞 부서가 입력하지 않으면 뒤 부서는 입력할 수 없다.

어떻게 그 동안 세미나에서 들어왔던 상황 그대로 인지 듣는 내가 오히려 신이 났다. 다음에 나올 말을 예상할 수 있는 것이다. 많은 회사에서 최고 경영자의 헌신을 1번으로 꼽는다. 그리곤 현업이 기초 데이터를 맞춰주지 않아서라고 변명한다. 물론 변명은 아니다. 사실이며 중요한 문제이다. 변명 공식 3번은 생산계획이 너무 자주 바뀌어서이다.

너무 자주 바뀌는 생산계획 때문에 ERP가 정착되지 않는 다는 말을 들은 작은 아버지는 생산계획을 1개월 동안 고정시켜버렸다고 하셨다. 말도 되지 않는 조치이다. 판매부서의 극심한 반대가 있었으리라. 한 쪽에서는 결품이 나고 다른 제품은 재고가 쌓이는 현상이 발생했을 것이고… 결국 상황은 원점으로 돌아갔을 것이다.

"그렇게 해 주었는데도 ERP란 놈이 잘 되지 않는다는 거예요.

'이번엔 왜 또 무엇 때문에 안 돌아가는데??'

속이 터질 노릇이었죠.

그 친구 그래도 입은 살아 있어서. 교육이 부족해서라고 말하는데 얼마나 복장이 터지는지…

"야 이 사람아 교육이 부족한 거야 실력이 부족한 거야?

솔직히 말해 봐!!"

"………"

"하는 김에 다음에 할 변명거리 다 얘기해봐. 시간만 잡아 먹지 말고. 한꺼번에 다 해결해 줄께…왜 말을 않는 것이여!!"

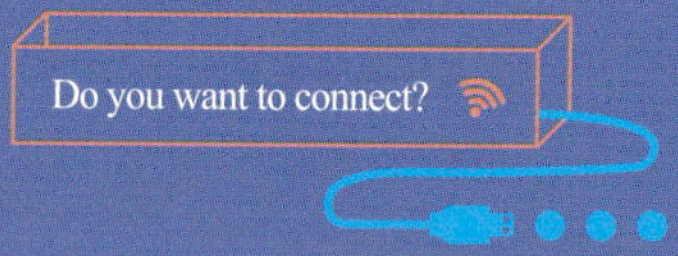
Do you want to connect?

02 Cloud ERP 스타 탄생

한 번 시작된 작은 아버지의 이야기는 아침 상을 물린 후에도 그칠 줄 몰랐다. 작은 아버지의 목소리엔 점점 열기가 더해갔고, 나는 후식으로 나온 사과를 조심조심 먹으며 눈치를 살펴야했다.

"그 다음부턴 그 친구 꼬라지도 보기 싫었죠. 그런데 하루는 컨설턴트라고 한 작자를 데려왔더라고… 시간도 없고 만나고 싶지 않았지만 할 수 없이 만났었지.

ERP는 현 상태로 유지하고, 확장 ERP를 하면 상황이 좋아질 거라고… 2억을 더 투자하래. 아무리 세상이 좋아졌지만 2억이 누구 애 이름이요? 좌우간 나는 양복 말끔히 빼 입고 오는 컨설턴트는 밥맛이라…

야 기원아!
컨설턴트 되려면 마음가짐부터 똑 발라야 한다. 공부도 제대로 해야 하고.

내가 인정하는 컨설턴트는 딱 한 분 있는데… 그 양반은 회사에 오면 바로 작업복 갈아입고 현장으로 간다.… 내가 좀 보고 싶어 차 한 잔 하자 해도 현장에서 만나자 한다.

그 양반이 지나가면 뭐가 좋아져도 좋아지는 게 보인다. 그 양반이 양복 입은 사람보다 머리가 썩 좋으냐면 그건 아니라고 봐. 현장을 중시하냐 아니냐의 문제이지"

작은 아버지는 평소 이렇게 말이 길진 않으셨는데, 오늘은 말 못해서 병이라도 난 분 같으시다. 예년 같으면 1년 들을 수 있는 말씀을 새해 첫 날 아침에 다 듣는 것같았다. 물론 구구 절절이 옳은 말씀이고, 좋은 시스템 컨설턴트가 되기 위해서는 명심해야 할 내용이지만, ERP와 컨설턴트를 싸잡아 비판하는 데는 기분이 상쾌하지 않다.

마치 어머니, 아버지께 '당신 아들이 멍청하고, 돈만 알고, 실력 없고, 입만 살아있는 사기꾼 공부를 하고 있습니다'라고 말씀하는 것 같은 기분이 들었다. 특히 어머니는 전후가 분명하고 사리 판단이 명쾌하신 작은 아버지를 신뢰하시기에 걱정을 지나서 짜증이 나기 시작했다.

"기원아 잘 들어라. 컨설턴트라 하면 적어도 컨설팅 하는 회사의 캐시 카우를 어떻게 늘여 줄 것인지를 고민하는 사람이어야 한다… 그리고…"

캐시 카우(Cash Cow)… 참 좋은 말입니다. 지금은 작은 아버님 세대가 우리 집안의 캐시 카우여서 이렇게 저를 기 죽이고 계시지만, 다음 세대의 캐시 카우인 스타(Star)의 중요성도 아셔야죠. 저도 말 좀 할 기회를 주세요… 속으로만 항변하다 조심스럽게 끼어들었다.

"작은 아버님…캐시 카우도 중요하지만 스타(Star) 나 퀘스천 마크(Question Mark)를 어떻게 개발하고 키워갈 것인지도 중요합니다. 따라서 스타와 퀘스천 마크를 어떻게 준비할 것인가에 대한 방안을 제시하는 것이 더해져야 합니다"

"뭐 스타? 그리고 퀘스천 마크? 물음표 말이냐?"

순간 작은 아버지가 보스턴 컨설팅 그룹의 BCG 매트릭스를 모르신다는 느낌을 받았다. 잘하면 전세를 역전시킬 수도 있는 기회다.

시장 성장률과 시장 점유율을 축으로 그린 그래프의 의미를 설명하기 시작했다.

아침 식사용으론 적당하지 않은 대화지만, 식구들은 작은 아버지의 흥분된 목소리가 가라앉은 것만으로도 좋아하는 것 같았고, 어머니는 아들을 뿌듯해 하시는 것이다.

시장 점유율이 높아 매출이 많이 발생하지만, 성장률 또한 높아 계속적으로 투자를 해야 하기에 적자가 예상되는 스타, 성장 가능성은 높지만 시장 점유율이 낮아 투자만 해야 하는 … 미래가 불투명한 퀘스쳔 마크의 중요성, 빠른 판단이 필요함에도 불구하고 미적거리다가 회사를 망치게 하는 도그(Dog)에 대해 나름대로 정리하며 설명했다.

여기에 담긴 내용은 평소 작은 아버지께서 우리들에게 말씀하시던… 공부하고 준비하라, 가장 좋은 것을 위해 두 번째 좋은 것을 버리는 것이 용기이다. 내용과 일맥 상통한 것이기에 작은 아버지는 내 페이스에 빨려들어 오셨다.

"야… 설 기원… 너… 헛 공부 한게 아니네. 기원아 밥 먹고 둘이서 이야기 좀 해보자. 내가 너에게 배워야 하다니 이건 엄청난 변화다. 가문의 영광이 재현될 조짐을 보인다. 그래 네가 스타다 스타. 퀘스천이 아니라 스타란 말이다"

작은 아버지의 말씀이 거칠어서 다들 무서워하면서도, 존경하는 이유는… 자신이 잘못 판단했다 싶으면 바로 수정하는 것이고, 항상 상대를 인정해 주시기 때문이리라.

과장이 많이 섞였지만, 제대 직후 나의 모습과 많이 비교 되시나 보다.

작은 아버지께 이렇게 칭찬 들어 본 것은 처음인 것 같다. 평소의 칭찬을 많이 하시는 분이기에 항상 '너를 사랑한다 그래서 지금 네 모습이 좋구나'하는 느낌을 받아 왔었는데 오늘은 달랐다. 내 페이스로 빨려 들어 왔고, 조카 설기원이 아니라 ERP에 대한 대화 상대 좀더 과장하자면 선생으로 인정해 주신 것이다.

ERP와 공부로 보냈던 1년이 결코 헛되지 않았다는 생각에 감개무량하다.
학교에서는 윤교수님과 찬미에게, 밖에서는 민선배와 백대리에게 열등감을 느껴가며 차곡차곡 쌓아갔던 배움의 시간들이다.

결과 올 설날의 스타가 되었다.

웃고 지나갈 일이지만, 나의 과거를 모르는 동아리와 과 후배 녀석들은 내가 무슨 천재나 되는 듯 존경의 눈초리로 바라보기도 한다. 이제는 찬미가 나에게 물어볼 정도가 된 것도 뿌듯한데… 드디어!! 드디어!! 오늘은 우리 집안의 가장 큰 목소리이자 중견 기업의 사장이신 작은 아버지께도 인정을 받았으니…내 평생 가장 감격스러운 사건이었다.

그간 도움을 주었던 사람들이 차례로 뇌리를 스쳐갔다.

03 Cloud ERP 기업과 비전

윤 교수님이 생각난다.

민선배나 찬주의 격려나, 백대리와의 경쟁심이 나의 발전에 작용한 것은 사실이지만, 두 학기 동안의 윤교수님과의 학습과정이 나에게 많은 것을 공급해 주었다.

첫 수업부터 곤혹의 연속이었다.

교수님은 뒷줄에 앉아 있는 학생들에게 질문하기 시작하셨었다.

"학생 이름이 뭐죠?"

"대학 생활 중에 찾아야 할 것이 뭐라고 생각해요?"

"그럼 학생은 비전이 뭐죠?"

나야 동아리에서 스트레스 받으며, 발표용이긴 하나 제법 그럴싸한 비전을 준비하고 있지만 친구들은 많이 당황해 했다. 비전하고 시스템 하고 무슨 관계야?

비전도 없는데 뭘 준비하느냐고?? 그것도 뒷줄에 앉아 있는 학생들에게만 물어보니 제대로 답이 나오겠나! 모두들 들어가는 목소리로 중얼중얼 대답은 하면서도 황당해 하는 분위기 였다.

"대학생활이란 다양한 것을 해볼 수 있는 무한정의 시간이 있는 때입니다. 이것도 하고 저것도 하고 그것도 하고… 그래도 시간이 남는 법입니다. 아마 여러분들은 공부도 하면서 동아리나 사회봉사 같은 사회인으로서의 연습도 하고, 여러분이 좋아하는 또 다른 일을 할 수 있습니다."

뭘 몰라도 참 모르신다.
시간이 얼마나 빨리 가는데…대학생이 얼마나 바쁜데.

"여러분들이 수강하는 과목은 두 가지 종류가 있다고 생각합니다. 하나는 순수 학문으로 기초를 닦는 것이고, 다른 하나는 실용 학문으로 현실 세계를 배우는 것입니다. 나는 순수학문을 가르치는 교수가 아니고, 기업에 대해 가르치는 교수입니다. 여러분도 기업의 시스템과 정보기술을 배우러 오셨나요?"

대화의 물꼬를 트기위한 윤교수님의 무척 노력했음에도 불구하고 토론 문화에 익숙하지 않았던 우리의 반응은 썰렁 그 자체였다. 우리는 예상하지 못한 연속 질문에 얼이 빠져 있었고, 혹시라도 교수님께 지목 당할까봐 눈이 마주치지 않으려 고개를 숙이고 있었다.

나 역시 기대와 포기의 갈림길에서 갈등하고 있을 때

"학생!! 이름이 설기원 이었나?"

움찔!!
이전에 ERP 세미나에서 한 번 인사 드렸을 뿐인데 내 이름을 기억해주신 것은 고마웠지만 가슴이 철렁했다.

"그러면 기원학생. 기원학생은 기업이 뭐라고 생각해요?

"기업은 어쩌고 떠듬떠듬…."

"그러면 기원이 자신을 기업이라 할 수 있나?"

"……"

"아니면 삼성이나 현대 같은 회사만 기업인가?"

"……"

"지금까지 한 말을 종합하면 기업은 뭐라고 정의할 수가 있지?"

도대체 정신을 차릴 기회를 주지 않았다. 만난 지 한 시간도 되지 않았는데… 벌써 말을 놓고 있다는 것은 다음 날이 되어서야 생각할 수 있었다.

"여러분은 모두 하나의 기업입니다. 여러분 몸이 기업이고, 또 여러분이 속한 가정이 기업이고… 그리고 앞으로 여러분들이 일할 회사도 기업이요 우리가 속한 이 나라도 모두 기업이라고 할 수 있습니다.

다음 시간부터 기업에 대해 같이 토의해 보겠습니다. 방식은 오늘과 같이 내가 질문하고 여러분이 준비한 내용과 생각을 말하고, 마지막엔 내가 다시 정리하는 식의 수업이 될 것입니다. 준비할 내용은 항상 전주에 말해 주겠습니다.

그리고 학점에 대해 미리 말씀드리면…."

아니 첫 날부터 학점 얘기는 왜 하시나?
속으로 불만하면서도 나도 모르게 자세를 바로 잡았다. 군대 가기 전 나의 학점은 F만 없는 저공비행을 하였기에, 취직이라도 하려면 이제부터는 거의 A를 먹어야 할 형편이었다. 나의 약점을 알고나 있듯이 집중하게 하셨다.

"중간고사와 기말고사는 40%만 반영하며, 리포트가 10% 비율로 평가될 것입니다. 그리고 매 시간 시작 전에 간단한 시험을 치를 텐데 50%를 차지하게 될 것입니다. 가장

비중이 크죠.

요즘엔 수시로 치는 쪽지 시험을 퀴즈라 한다죠? 아마. 그런데 이 시험은 퀴즈와 달리 문제를 전 주에 알려 줍니다. 이 문제에 대한 여러분들의 사전학습, 그리고 15분 동안의 정리, 토의로 수업이 진행되고 이 수업과정이 평가될 것입니다.

그럼 다음 주 문제는 지금 알려 드리겠습니다. 평가 방식에 대해 좋은 아이디어가 있다면, 다음 시간에 발표해 주십시오. 적극 반영하겠습니다."

중요한 것은 측정해야 한다고 누누이 들어 왔지만 윤교수님은 수업에도 측정의 원칙을 적용하였다. 평가 방식에 대해 알게 함으로써 목표를 보다 명확히 하고 공감대를 형성하려는 것이었다.

그는 돌아서서 칠판에 다음 시간 쪽지시험 문제를 적기 시작했다.

1. 기업이란 무엇인가?
2. 한 기업을 선정하고, 그 기업의 Vision과 Mission을 조사하여 발표하라
3. 나의 Vision은 무엇인가?

당시 우리는 정말 불쌍한 학생이었다. 학점에는 왜 그렇게 약했던지, 모두 숨을 죽이고 그의 판서를 노트에 적기 시작했다. 마치 초등학생으로 돌아간 기분이었다. 특별히 나는 동아리를 꾸려가야 했고, 특히 민선배와 데이트할 거리를 만들기 위해 윤교수님의 수업에는 충실해야 했다.

두 번째 강의 시간.

나는 전날 인터넷을 검색해서 기업에 대한 정보만 50여 페이지 분량을 준비했었다. 그런데 시험은 8절지 한 장에 15분 동안 3가지 주제를 요약하라고 했다. 50페이지를 한 장에…

무엇부터 적어야 할 지 막막했기에 일단 제목부터 적었다.

1. 기업이란 무엇인가…

제목만 적어 놓고 다음으로 진도를 내지 못했다. 나뿐만 아니었다. 다른 친구들도 마찬가지 이다. 3분쯤 흘렀을까? 윤교수님도 약간 당혹스런 눈빛을 보내며…

"어려운가요?"

"예"

우리들의 대답은 우렁찼다. 그리고는 적막이 흘렀고… 누군가가 용감하게 외쳤다.

"교수님 오늘은 오픈 북 하시죠"

물꼬를 틀자마자 너도 나도 같은 요구를 다른 표현으로 하기 시작했다.

"그렇게 해요" "도무지 시작을 못하겠어요" "저희 오픈북 해요!!"…

"나는 문제의 답을 한 페이지로 요구하고 있지만, 여러분은 몇 페이지 분량의 준비를 해 왔을 것으로 기대됩니다. 이렇게 쪽지 시험인지 초등학생 숙제 검사인지 분간 되지 않는 요구를 하는 것은 여러분이 공부해 온 내용을 정리하는 연습을 시키고 싶기 때문입니다.

나는 정확히 암기하여 발표하는 것을 원하지 않기 때문에 오픈 북은 의미가 없습니다. 하지만 오늘은 여러분의 의견을 존중해서 오픈북할테니 다음부터는 자기의 생각을 쓰기로 합시다. 바라기는 내가 이해한 바를 상대가 알아듣기 좋게 요약할 수 있는 능력을 빠른 시간 내에 키우길 바랍니다."

오픈북이 허락되자 준비된 자료를 옆에 놓고 빠르게 써 내려갔다.

주어진 시간 15분하고도 3분이 지났다. 옆에도 정신없이 쓰는 것만 보였다. 2번 제목을 막 적고 나니… 그만하자고 하시는데 자신이 한심스럽기도 하고 부끄럽기도 하고…

요약의 중요성에 대해 상당한 시간 동안 한 말씀 들어야 했다. 그리곤 우리가 적은 것을 거둬 쭉 훑어보셨다. 쪽지 시험 답안지는 훌륭한 숙제 검사이자 출석부로 여겨졌다. 한 사람씩 질문하기 시작했다. .

"가만있자… 기원군이 많이 준비해 온 것 같은데… 그래 기업이 뭐라고 생각해?"

"제가 조사한 바에 의하면…"

나는 준비해 온 것을 읽기 시작했다."

"그것 다 읽으려는 것은 아니겠지?"

당황… 곤혹… 다음 말을 잇지 못했다.

"그래. 기원이가 많이 준비한 것은 알아. 그런데 핵심을 찾아 요약하는 노력이 없다면, 그건 시간 낭비이자 종이 낭비지. 그럼 기업이 가져야 할 두 가지 목표는 무엇이라고 생각해?"

그건 생각 못했는데… 얼굴이 달아오르며, 준비한 리포트를 뒤척거렸다. 준비한 자료에 없다는 것을 알면서도 할 수 있는 것이라고는 뒤척거리는 것 밖에 없었다.

"아니 누가 찾아 읽으라 했나? 생각을 말하라고. 생각"

"……"

그 분의 수업에만 들어가면 바보가 된 기분이었다. 사소한 주제에도 현실을 논리적으로 풀어 주었고, 스스로 답을 찾으라며 깊은 고민을 하게 하셨다.

"고민하세요. 머리는 두었다 어디에 씁니까? 생각하고 고민하고 판단하고… 기원이는 정리가 되면 다시 발표해 줘. 그렇게 많은 자료를 준비했는데 너무 아까워… 어디 보자… 주찬미!! 찬미는 고민한 흔적이 많이 보이는데, 그래 기업에 대해 찬미가 파악한 것을 말해줄 수 있겠나?"

"개념적인 것은 기원선배가 잘 조사한 것 같습니다. 다만 제 생각엔 기업이란 이윤을 만들어 내는 것과 지속되어야 한다는 두 가지 과제를 해결해야 할 것 같습니다."

"참 좋은 생각입니다. 왜 그런 생각을 했지? Why?!!"

"회사는 영리를 목적으로 설립된 법인이기 때문에 이익이 키워드라고 생각합니다. 물론 사회에 기여나 봉사를 들 수도 있지만 먼저 이익이 있어야 나머지가 가능하다고 생각합니다. 따라서 코스트(cost) 중심의 사고가 필요하다고 생각합니다.

그리고 두 번째 말씀드린 지속되어야 한다는 것은 기업은 경제활동을 지속적으로 해 나가는 생명력 있는 조직이어야 한다는 것입니다."

훌륭하다 주찬미. 찬미가 얘기한 지속이란 말의 중요성이 가슴에 와 닿았다. 오늘날 많은 이익을 내는 기업이 있다. 이 기업들이 미래를 위한 준비를 하지 않는다면, 다시 말해 현재는 이익이 되지 않더라도 미래의 수익 사업을 준비하지 않으면 안 된다는 말이었다.

건전한 적자란 말을 많이 들어 왔다. 기업은 흑자 제품만 있어서 안되고 건전한 적자 제품을 가지고 있어야 한다는 의미인데 찬미의 얘기를 들으니 깨끗이 정리가 되는 것이었다.

윤교수님은 화제를 비전으로 바꾸었다.

"기업의 비전은 크게 핵심이념과 계획된 미래로 구성된다는 것을 이해할 수 있는 있겠죠?. 그리고 핵심이념은 기업의 현재와 존재 이유를 정의하는 것이라는 데 동의 하십니까? 그러면 오영수. 영수군의 비전은 무엇인가?"

영수는 나름대로 답변을 했고, 윤교수님의 질문은 이어졌다.

"그러면 그 비전을 달성하기 위해 지금 무엇을 하고 있나?"

"…ㅠ0ㅠ;…"

다들 새로운 학기에 새로운 각오로 수업 준비를 해 왔지만, 폭 넓은 사고와 실천을 요구하는 그의 질문에 대응하기엔 역부족 이었다.

개인의 비전을 달성하기 위해 무엇을 하고 있느냐? 그 질문이 나에게도 떨어질까 다들 윤교수님과 눈을 마주치지 않으려 고개를 숙였다.

"동일한 방법으로 살아가는 두 종은 공존할 수 없다는 경쟁적 배제의 원리가 있습니다. 만약 두 종이 아무런 제약 없이 같은 자원을 위해 경쟁하게 된다면 조만간 한 종은 다른 한 종을 대신하게 된다는 것인데 이것은 경쟁관계에 있는 어떤 기업은 적응하고 살아남는 반면 다른 어떤 기업은 사멸하게 될 것이라는 것을 의미합니다.

경쟁에서 이기기 위해서는 외부 환경에 잘 적응하고 내부 조직을 잘 관리 하는 능력이 필요합니다. 이 능력은 무엇이며 어떻게 확보할 것인가에 대한 전략이 필요합니다."

핵심이념은 기업 존재의 기초가 된다.
그리고 계획된 미래와 현실 사이에는 갭(Gap)이 있다.
이 갭은 무엇이며 어떻게 메워 갈 것인가가 전략이라는 것이다.

전략을 수립하기 위해서는 기업환경을 분석하는데. 5Force, 3C, SWOT 분석 등의 방법이 사용된다. 이중 널리 사용되는 스왓(SWOT) 분석은 외부 환경에 대한 기업 내부의 강점과 약점을 분석하고 기회 요인과 위협을 분석하는 것을 말한다.

SWOT 분석을 통해 전략을 수립하는 과정을 그림을 그려가며 설명해 주었다.

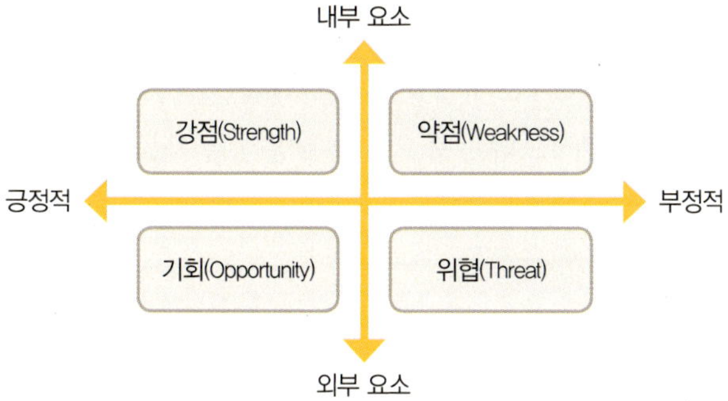

SWOT 분석은 조직의 현재 역량 및 환경이 어떠한가를 분석하는 것으로 그 내용은 크게 내부요소(강점, 약점), 외부요소(기회, 위협)으로 나누어 지며, 또한 긍정적인 면(강점, 기회)과 부정적인 면(약점, 위협)으로 나누어 진다.

강점(Strength)는 조직이 외부 기회 요소를 충분히 활용하거나 위협 요소를 경감시키는데 필요한 보유 자원이나 역량을 말한다.

약점(Weakness)은 조직이 목적 달성할 수 있는 능력을 저해시키거나 실패를 피하기 위해 극복해야 하는 조직내 자원 또는 능력의 결핍을 말한다.

기회(Opportunity)는 사업이나 시장을 확대 또는 개선시키기 위해 조직의 강점을 집중할 수 있는 영역을 말한다.

위협(Threat)는 조직이 목표를 달성하는데 방해가 되는 외부적 상황이나 힘들을 말한다.

이러한 내용이 정확히 분석되어야 향후 추구할 비전과 목적 등이 좀 더 명확해 질 수 있으며, 조직의 약점이나 강점이 고려되지 않을 시에는 현실성이 없는 내용이거나 너무 안이한 내용이 될 수 있다.

그리고 톤을 바꾸어 강조하기 시작했다.

"기업 전략 계획의 최종 단계는 조직의 포트폴리오(Portfolio) 계획을 수립하는 것입니다. 대부분의 기업은 두개 이상의 제품 또는 사업을 가지고 있습니다. 이 때 기업의 한정된 자원을 어떻게 배분하느냐가 중요한 문제인데, 투자를 더 많이 하여야 할 사업과 축소해야 할 사업, 신규 사업과 제품 추가 전략을 수립하는 것을 비즈니스 포트폴리오라고 합니다."

비즈니스 포트폴리오의 1단계는 기업을 구성하고 있는 전략 사업 단위-SBU(Strategic business Unit)를 구분하는 것이고, 2단계는 어떤 SBU에 어느 정도의 자원을 배분할 것인가를 결정하는 것이다. 이 때 보스턴 컨설팅 그룹이 소개한 BCG 매트릭스를 많이 사용한다.

BCG 메트릭스는 시장성장률과 시장 점유율을 축으로 시장 점유율이 높고 시장 성장률이 낮은 사업을 캐시 카우(Cash Cow) 라 한다. 시장 점유율이 높다는 것은 매출이 높다는 것을 의미하는 반면시장 성장률이 낮다는 것은 추가 투자가 필요 없다는 것을 의미하므로 이익이 높을 것이라는 것을 추정할 수 있다.

스타(Star)는 시장 점유율이 높아 매출은 높으나, 시장이 계속 성장하기 때문에 점유율을 지속하기 위해서는 많은 투자가 수반된다. 따라서 단기적으로 볼 때는 오히려 손해를 보는 사업이 될 수 있다.

퀘스천 마크(Question Mark)는 더 심하다. 사업의 초창기에 이런 형태가 되는 데 투자는 많은 반면, 시장 점유율이 낮고 매출도 미비해서 손해를 보는 사업이며, 시장 점유율을 높일 가능성에 대해 의문이 되는 제품이다.

도그(Dog). 서양이나 우리나 좋지 않는 것에 '개'를 붙이는 모양이다. 시장 성장률도 점유율도 낮아 매출도 적고 미래의 희망도 없는 사업으로 더 손해를 보기 전에 어떤 모양으로든 철수해야 할 사업이다.

캐시 카우만 가진 기업이 있다면 당장 이익은 많겠지만, 시간이 지나면 캐시 카우는 도그로 빠지기 때문에 이런 기업의 미래는 없다고 할 수 있다. 그래서 살아 있는 기업은 흑자인 캐시 카우뿐 만 아니라 건전한 적자인 스타나 퀘스천을 가지고 있어야 한다.

이 정도의 이해가 이루어졌을 때쯤 윤교수님은 목소리를 높이기 시작했다.

> "오늘 내가 여러분께 말하고 싶은 것은 기업에서 캐시 카우가 어떠니 도그가 어떠니 하는 말을 하고 싶지 않습니다. 여러분에게는 어떤 캐시 카우가 있으며, 어떤 스타나 퀘스천을 준비하고 있는지를 묻고 싶은 것입니다.

여러분들이 이 학교에서 나름대로 생활하고 학점 잘 받으며, 학비를 낼 수 있는 것은 이 시간을 살아가기 위한 캐시 카우가 있다고 볼 수 있습니다. 물론 그것이 마음 약한 부모님께 협박하는 기술이 될 수도 있지만 말입니다.

그러나 여러분들이 미래를 위해 스타나 퀘스천을 준비하고 있지 않다면 과연 살아있다고 할 수 있을까요?"

사실 졸업 후의 얘기는 하고 싶지 않을 때가 많다. 취직이 어렵다는 얘기를 들을 때마다 부모님 얼굴이 떠오르면서 한숨만 나온다. 그래서 이것저것 뒤적여 보지만 작심삼일이었다. 대학원이 학문의 연장이 아니라 취업의 도피처로 활용하는 선배들도 있다.

> "과거의 좋았던 시절이 있었노라고 도그를 버리지 못하고 계속 가지고 있다면 현재를 현명하게 살아가는 것일까요?"라는 질문이 나왔을 때는 피식 웃음이 나왔다.

이유를 알 수는 없지만 우리 복학생들이 여학생들 앞에서 가장 자주하는 얘기가 군대 얘기다. 여학생들이 그다지 좋아하지 않는다는 것을 알면서도 누군가 '내가 군대 있을 때 말이지~' 하고 시작하면 너도 나도 군대 경험을 내 놓는다. 졸병 때 혼났다는 얘기는 없고, 주로 고참 때 무용담을 떠들어 댄다.

중학교까진 공부 잘했는데 고등학교 때 옆길로 빠져 원하는 대학에 못 들어가고 이모양이 되었다고 푸념하는 패 주고 싶은 친구도 있다. 그래 너는 놀고도 이 학교 들어 오고… 그래 나는 죽도록 공부해서 이 학교 들어왔다… 너는 천재고 나는 돌이다 돌… 이런 생각을 들게 만드는 얄미운 녀석들이 꼭 있다.

그리고 아는 것은 왕년에~ 하는 녀석들은 현재 별 볼일 없다는 것이다.

기업에서도 캐시카우가 영원할 수 없다. 캐시카우가 기업의 이윤을 만들어 내기에, 계속 캐시 카우로 남아 있기를 바라지만, 또 기간을 연장하기 위해 무척이나 노력하지만 도그가 된다. 이 때를 위하여 미래의 캐시 카우인 스타와 퀘스천을 끊임없이 개발한다. 보다 효과적으로 캐시 카우로 만들기 위해 전략적으로 추진한다.

윤교수님은 나 자신을 경영의 대상으로, 하나의 기업으로 바라보라고 하셨다. 내가 준비해야 할 미래의 캐시 카우는 현재 부모님으로부터 받아 내는 돈과는 수준이 다른 차원이 되어야 할 것이라는 기분이 들었다. 이는 나의 비전에서부터 출발해야 한다… 비전… 비전… 미션… 미션…

"여러분이 이 땅에 태어난 것은 존재의 이유가 있기 때문입니다. 그것을 찾으십시오. 비전을 세우십시오. 그러나 비전(Vision)과 딜루전(Delusion)의 차이를 기억하십시오. 비전은 좋은 의미의 꿈, 환상이고 딜루전은 나쁜 의미의 환상, 잘못된 생각입니다.

이 둘의 차이는
첫째 바른 가치관 즉 존재의 이유를 가지고 수립하였는가? 이며
둘째 이를 달성하기 위해 현재 준비를 하는가 하지 않는가?에 있습니다.

비전을 글로 써 보십시오. 처음엔 황당하기도 할 것입니다. 그러나 현재 여러분의 수준에서 비전을 세운 것은 이를 달성하기 위해 노력하는 과정에서 점차 발전할 것입니다. 오늘 발표한 비전이 시작입니다. 이 학기가 마칠 때쯤에는 더욱 발전되고 구체화된 비전이 될 것을 기대합니다."

비전.
나는 이 시간 이후 비로소 나의 비전에 대해 고민하기 시작했다.

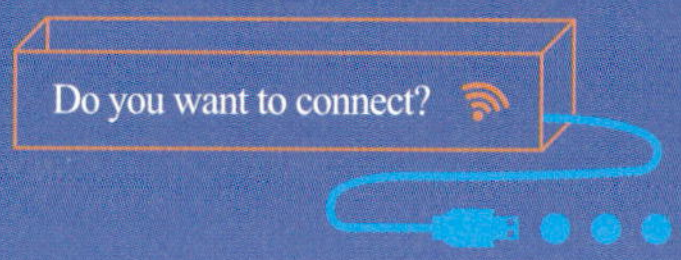
Do you want to connect?

04 Cloud ERP 목표 수립

윤교수님의 강의에 대한 내 이야기를 친지들이 예상외로 재미있게 들어주셨고, 나는 자연스럽게 윤교수, 민선배, 주찬미, 동아리, 세미나 등을 가족들에게 소개할 수 있었다. 지금껏 친지가 모여 대화한 중에 가장 차원 높은 대화를 하는 날이 아니었나 싶다. 어머니 얼굴에서 아들에 대한 신뢰의 미소를 머금고 있음이 느껴졌다.

작은 아버지께서는 윤교수님을 한 번 만나 자문을 받아 보고 싶다고 말씀하셨고, 내가 주선해 보겠다고 말씀드렸다.

고모님께서는 등장하는 여자들의 이름에 대해 계속 장난기를 담아 물어보시곤 하셨는데 민선배에 대해서는 어떤 감을 잡으셨는지 더욱 꼬치꼬치 캐물으셨다. 더군다나 어머님께서 옆에 계셔서 눈치를 보느라 많이 곤란했었다.

민지우…
민선배를 처음 만난 것은 신입생 오리엔테이션을 받기 위해 강당으로 가는 길에서 였다. 동아리 회원 모집하느라고 분주하게 움직이고 있는 선배들 중에 눈에 확 들어오는 미인이 있었다.

"SEAV는 공부하는 동아리 입니다. 우리의 미래를 위해 기업을 배웁니다."

또 공부!! 동아리 이름이 영어 약자로 되어있는 것도 마음에 들지 않았다. SEAV?? 뭐야!! 정나미 떨어지는 공부란 말에 지나치려다가, 그래도 말이나 한 번 붙여 보자는 장난기가 발동했다.

그녀에 대한 호기심으로부터 출발한 동아리 만남은 시간이 갈수록 심상치 않게 변했다. 모임 첫날 1학년은 나를 포함하여 겨우 6명, 선배들은 30여명 되는 것 같았다. 2학년 대표로 민선배가 나와서 자기소개 하는 듯 하더니 느닷없이 질문하기 시작했다.

"설기원 맞지? 기원이는 비전이 뭐야?"

"예? 비전이라뇨? 비전하고 동아리하고 무슨 관계죠?"

"아 SEAV의 V가 비전(Vision)을 말하는 거지. SEA가 SCM Ecological Academy's의 약자이고."

황당한 질문. 알아듣기 힘든 영어가 무척이나 많이 섞여 있다는 것 외에 어떻게 시간이 흘렀는지 모를 정도로 질문 공세였다. 물론 나의 관심사는 동아리가 아니었고 민선배였기에 당연한 결과인지도 모른다. 이후 민선배를 비롯한 몇몇 선배들의 말발에 신기해 하면서도 잔뜩 주눅이 들었다.

동아리 활동은 별 재미가 없었다. 민선배를 비롯한 몇몇의 열성에도 불구하고, 토론 자체가 너무 생소한 것이었다. 그럼에도 불구하고 내가 제대 후 3학년에 복학하면서 동아리 회장이 된 것은 1학년부터 나온 유일한 남자라는 이유 때문이다. 사실 민선배와 끈을 만들기 위한 수단으로 나온 것일 뿐인데도 말이다. 활동이나 역량으로 보자면 찬미가 회장이어야 했지만, 찬미도 나를 복학생이라고 적극 미는 바람에 어이없이 회장이 된 것이다.

실력 있는 찬미와 나의 공통점은 민선배를 좋아한다는 것이다. 거의 존경에 가까웠다. 민선배는 3학년 1학기에 미국 APICS의 공인자격증인 CPIM(Certification Production & Inventory Management)을 획득하면서 주위 사람들을 놀라게 했다.

이런 민선배를 부지런히 쫓아 다녔었다. 군에서 휴가 나왔을 때도 집보다 민선배 회사에 먼저 전화할 정도였었다.

민선배는 4학년 마지막 학기가 끝나기 전 유명한 컨설팅 회사에 취업을 하여 주위의 부러움을 한 번 더 받았었다. 모두들 민선배가 가면 3개월 내에 선배들을 휘어잡을 것이라 공언했었다. 어떻게 소개 받았는지는 모르나, 방학이면 중견기업 본사나 공장에서 아르바이트를 해서 실무 경험을 쌓았기 때문이다.

영어 실력도 만만치 않았다. 하기야 요즈음은 웬만하면 토익 800점 넘지만, 민선배는 이미 3학년 때 800점을 넘었고, 회화도 걸맞는 수준으로 했었다. 우리 후배들이 보기에는 너무도 완벽한 선배였었다.

그렇지만 나는 민선배 아니 민지우를 올라가지 못할 나무라고는 생각하지 않았다. 조금 경외감은 있지만, 어떤 형식으로든 만나고 있었다. 민선배도 나와 만나는 것을 피하지 않았다. 언제나 격려와 충고를 아끼지 않았다. 심하게 후배 취급하는 면이 있지만, 아마 속내를 감추려고 그럴 것이다.

우리는 전화보다는 채팅을 많이 하는 편이었다.
제대 후 막 복학 했을 때가 생각난다.

‘모해요 ^o^’

‘누구세요?’

그 날은 무언가 특별한 날이 될 것을 기대하면서 아침에 메신저의 대화명을 ‘^^황홀한 이밤을 위하여^^’로 고쳐놓았었다. 민선배가 대화창에 올라오기에 반가워 인사한 것인데… 보수주의 민선배에게는 실수였다.

‘나… 기원 – ㅇ –;; ’

‘나와 채팅할 때는 반드시 이름 넣으라고 했지?’

'선배 대화명에 영어 없애면 나도 이름 밝히지~'

'야! 인터넷 하는 놈이 영어를 두려워하면 안되지. 너 언제부터 나하고 영어로 메신저 할거야?

1. 30년 내
2. 3년 내
3. 3개월 내
4. 3일 내…

언제부터야 골라.

5. 당장'

'Faith is being sure of what 민지우 hope for… 됐어요?'

민선배의 메신저 대화명을 복사해서 갔다 붙이며 대꾸했다. 겨우 한 살 차이인데도 민선배는 마치 고모나 선생님과 대화하는 느낌이다. 1학년 때 너무 주눅이 들어서일까? 복학생인데도 민선배는 나를 완전히 아이로 보는 느낌을 받았다.

'야 제대로 써라. 그건 내가 쓰는 거고… 너는 Faith is being sure of what 설기원 hope for… 해야지?'

'선배 또 가르치려 하지 말고… 언젠가 단점 지적해 달라며…
그래서. 지적해 주고 있는 거야. 아무때나 가르치려 한다고…'

'미안. 그래 웬일이야'

'나도 이제 3학년이잖수. 동아리 회장도 떠맡았는데. 지금부터 진로를 어떻게 잡고 공부 건지도 결정해야 하고… 고민이 많아요. 오늘 점심이나 사줘요.'

'음… 내일 SCM 연구 발표가 있어서 좀 곤란해.'

'그건 또 뭐요. ERP 한다면서.'

'ERP가 한 기업에서 필요한 정보를 통합하는 시스템이잖아. 그런데 기업활동을 하려면 기업과 기업의 통합도 필요하지 않겠니.

내가 프로젝트를 하고 있는 고미식품을 예로 들면, 고미식품에는 고객회사가 있고 그 고객 회사의 구매부서가 고미식품의 영업부서에게 주문할 거야. 영업부서는 생산부서와 연결되고, 생산은 자재, 구매 부서와 연결되겠지. 그리고 구매 부서는 필요한 원자재를 협력회사로부터 사 올 텐데… 그 협력사의 영업부서와 연결되겠지.'

'복잡하지만 이해가 되네요. 결국 협력의 영업부서는 생산과, 생산은 자재 구매와 또 연결 되겠네요. 마치 그물이나 쇠사슬처럼.'

'그래 맞아. SCM의 C가 사슬이란 뜻의 Chain이야. 거미줄 혹은 그물망을 생각해서 망이라고도 하지. S는 최종 고객에게 제품을 공급한다는 의미의 Supply이고 M은 관리의 Management를 말해'

'Supply Chain Management? 공급망 관리? 공급 사슬 관리?'

'Good. 설회장 대단한데. 이 공급사슬 상에서 어느 한 사슬이 끊어지면 어떻게 될까?'

'전체에 영향을 주는 문제가 생기겠죠. 뭐.'

'그래. 사슬이 끊어질 가능성이 높은 것이 가장 약한 사슬인데… 이를 미리 찾아내고 관리하면 효율이 올라가지 않겠니?'

'그 사슬 중의 일부 즉 한 기업에 속한 사슬만 뽑아내면 ERP라고 해도 되겠네요.'

'Nice… 설기원.
ERP를 내부 SCM이라 해. 존경한다 설기원.'

'그래요. 그러면 제가 저녁을 대접할 기회를 드리죠.

저녁은… 시간이 …'

'그럼 우리 저녁 간단히 먹고 ERP 세미나 같이 가자'

병이다 병.
많은 시간도 아닌데 오붓하게 차 마시며, 소곤소곤 얘기 나누면 보기도 좋고 다 좋잖아. 꼭 세미나니 공부니 연결 시켜야겠어?

그래 민지우를 차지하려면 이정도의 고난은 감수 해야지.

저기서 민선배의 손 흔드는 모습이 보였다. 같이 오는 남자가 눈에 거슬렸지만, 나도 손을 흔들며 다가갔다.

"인사해. 백승호 대리님이야. 오늘 세미나에서 발표하실 분이야… 이쪽은 후배 설기원"

꼭 후배라고 소개해야 하나? 세미나 발표자가 뭐 대단한가? 짜증스러웠지만 분위기에 압도당한 채 근처의 경양식 집으로 갔다. 은은한 분위기… 아침에 기대했던 대로 특별한 밤이 될 수 있을 것 같았다.

"기원이라 했나? 기원이는 비전이 뭐지?"

어디서 많이 듣던 질문… 이 양반 왜 이래. 그러나 동아리에서 면피용으로 준비해 놓은 게 있지. 들어 보실라우. 놀라실걸.

"아 저요. 특별하지는 않습니다. 단기적으론 대학 마무리를 학생 본연의 모습에서 알차게 준비하고, 컨설팅 기업이나 개선을 필요로 하는 기업에 취업하여 세계에서 통용될 수 있는 우리나라의 산업지식 체계를 만드는 것이며, 이후에는 국가 정책에도 봉사할 기회를 갖고자 합니다. 50이 되기 전에 산업자원부나 정보통신부의 장관을 생각하고 있습니다. 장기적인 비전은 길어지니 다음에 말씀 드리겠습니다.'

대단하지!! 놀랍지!! 더 물어봐. 더 물어봐. 준비된 답변… 얼마든지 있지.

"역시 지우 동아리 후배다워. 그럼 그 비전을 위해 현재 준비하고 있는 건 뭐죠?"

이 사람아 그것도 준비하고 있다네. 제발 민선배 이름 막 부르지 마세요. 뭐 애인이라도 되나요? 정말 애인이라 말하면 어떻게하지. 야 경쟁자네. 기분 잡쳤지만 저녁 얻어 먹는 대가로 립서비스 정도는 해 줘야지.

"잘 되지 않지만 금년 내에 전공과 관련한 자격증을 준비해서 획득할 것이고요, 가능하다면 기업에 현장 실습도 하고 싶고요, 기업 관련해서 2주 1권의 책을 읽을 계획입니다."

"이런 친구를 보면 내가 힘이나. 그럼 요즘 읽는 책은 뭔데요? 소개 좀 해 줄래요."

야 이 사람아. 내가 계획이라고 했지… 언제 실천하고 있다고 했냐구… 없어 없어…
군 제대해서 공부하지 않을 수는 없고… 그런데 무슨 공부 할 것인지도 아직 결정 못했다구… 동아리는 어떻하냐구~ 실력도 안되는 나한테 하필 회장은 시켜서…
아 짜증~ 더 복잡한 고문성 질문이 나오기 전에 대화를 끊어야 한다는 절대절명의 위기였다.

"7시 다 되어 가는데요"

"아니 벌써… 나 먼저 갈게"

백대리가 급하게 먼저 가 버리니 신났다.
그러나 우리도 바로 출발해야 했다.

종각역 3번 출구 닛시빌딩 16층 탑클라우드 세미나실.
입구에서 팜플렛을 받아들고 민선배의 안내를 받으며 세미나 장으로 갔다.

아직 시작하려면 20분이나 남았는데, 좌석은 거의 책이나 가방이 놓여 있었다. 단상에는 패널들을 위한 탁자가 배치되어 있고, 한 쪽에는 빔 프로젝트가 준비되어 있었다. 빈 자리를 찾기란 쉽지 않았다. 다행이 맨 앞자리 왼쪽 끝에 2개의 자리가 비어 있었다. 오랫동안 앉아 있으려면 고개가 좀 아프겠지만, 백대리가 발표하는 동안 민선배와 다정하게 있는 모습을 가까이서 보여 줄 수 있다는 것에 의미를 두기로 했다.

자리를 잡고 앉을 틈도 주지 않고 민선배가 나를 잡아끈다. 들어올 땐 민선배 꽁무니 쫓아온다고 느끼지 못했는데, 복도와 로비엔 삼삼오오 짝을 지어 인사를 주고받는 모습이 마치 연회장에 온 것 같았다.

민선배를 통해 20장이 넘는 명함을 받았다. 나 같은 학생도 간단하게 만든 명함을 가지고 있어 나를 위축 시켰다.

시작 10분 전이란 안내가 있자 모두 자리로 향했다. 나는 민선배 옆에 내가 앉아 있다는 것을 백대리에게 보여 주는 것이 중요했다.

세미나실이 정리되자 콧수염을 기른 사회자가 멘트를 시작했다. 패널 중 유일하게 넥타이를 하지 않은 멋쟁이였다.

"저는 한 때 우리나라에서 ERP의 성공 가능성을 낮게 보았었습니다. 왜냐하면 선진국이 고기 잡을 그물을 준비하는 것과는 달리 우리나라는 매일매일 창을 가지고 고기를 잡고 있는 것으로 보였기 때문입니다.

그러나 현재는 ERP를 성공하는 회사들이 많이 나타나고 있습니다. 우리는 기업 자원관리를 연구하고 실천하는 소위 전문가들로서 우리나라 기업에서 ERP의 필요성을 따져보고, 필요하다면 어떻게 해야 할 것인가를 고민해야 할 것입니다. 물론 오늘 모든 문제를 다 제기할 수 없지만, 그 동안의 경험을 나누고자 합니다."

사회자가 다른 패널들을 거창하게 소개하였고, 소개할 때마다 박수가 쏟아졌다.
백대리는 패널 중 경험이나 나이가 가장 적어서 인지 박수가 크지 않았다. 박수를 치지 않으려다, 관중의 반응이 없는 것을 느끼고 흐뭇한 마음에 몸을 뒤로 재끼면서 내가 무슨 공산당 당 서기나 암흑가의 보스라도 된 양 빼기며 천천히 소리도 나지 않는 박수를 쳤다.
시작이 상쾌하였다.

첫번째 발표자가 발표를 시작했다.

"현재 우리나라는 세계 180여 나라 중 GNI(국민 총소득)은 12-15위 권인데 반해 1인 당 소득은 50위 정도 되는 세계경제의 중. 상류층의 수준입니다. 1인 당 소득이 세계 10-15위 권인 나라들은 소득이 우리보다 3-4배가량 많습니다.

만약 우리의 임금 수준을 그들 수준으로 3-4배가량 올린다면 기업을 할 수 있을까? 하는 생각을 해 보지 않을 수 없습니다. 실제로 기업을 경영하는 분들에게 어떤 대책을 강구하고 있는지 물어보면 다들 난감해 하십니다. 저는 개인적으로 임금이 선진국 수준으로 오르더라도 생존할 수 있는 도구를 ERP가 제공할 수 있다는 확신을 가지고 있습니다."

드디어 토론이 시작되었다. ERP라는 게 이처럼 대단한 것인가? 발표자가 ERP 신봉자임에는 틀림이 없는데… 혹 ERP 없으면 먹고 살 길이 없는 사람이 아닐까 하는 생각이 스쳤다.

"고임금을 대비해서 제조업에서 부가가치가 높은 서비스업으로 옮겨가야 한다고 주장하는 분도 있습니다.

일리는 있지만 선진국은 제조업을 손 놓았는가 하는 것을 살펴볼 필요가 있습니다. 저는 지난해 한영 산업기술협력 포럼에 참가 했었습니다. 이 때 영국은 제조업을 너무 일찍 손 놓았다고 후회하고 있는 느낌을 받았습니다. 기술을 파는 정도로는 6000만 인구를 먹여 살릴 수 없다는 것입니다…

우리나라에서도 제조업은 경제 부흥의 초석 역할을 담당하여 왔습니다. 도소매의 고용인구 비율이 20% 정도인데 비해 도소매 GDP는 10% 미만입니다. 농림업은 더 심하죠. 이는 제조업이 도소매업이나 농업을 먹여 살리고 있다는 말입니다 제조업은 아주 중요하며, 계속 발전해야만 한국이 살아갈 수 있을 것입니다. 향후에도 경제 발전의 핵심역할을 담당할 것이라고 생각하고 있습니다. 우리 제조업의 경쟁력에, ERP를 합하면 사자가 날개 단 것이 될 수 있습니다."

제조업이 중요하다는 말은 많이 들었었지만 빔 프로젝터로 통계치를 비추면서 설명할 때는 고개가 끄떡여졌다. 나 자신을 포함하여 친구들 중에 공장에 취직하겠다는 이는 없다는 것을 생각해 보면 뭔가 의식개혁부터 해야 할 것이라는 생각도 든다. 언젠가 기업은 돈을 벌어야 하는데 이 돈을 벌게 하는 것이 무엇인지를 토론했던 기억이 난다.

그 때는 부(Wealth)라고 했던 것 같다. 부가 될 수 있는 것은 유형적인 제품과 무형적인 서비스가 있다. 그런데 유형적인 제품의 경우 천연자원 그대로는 가치가 적지만 제조란 활동이 들어갔을 때 그 가치가 커진다. 서비스에 의해 부가 더해지지만, 서비스 활동 역시 제조 공정을 포함하고 있는 경우가 많을 뿐더러, 유형적인 제품에 더해지는 서비스는 제조를 전제로 하지 않고는 있을 수 없다. 그래서 부를 만드는 데는 제조가 가장 중요하다.

왜 갑자기 이런 기억이 떠오르지? 머리 나쁜 사람이 오래 기억하고, 나 같은 천재는 바로바로 잊어먹는다는 것이었는데…

"IMF충격 이후 한국 제조업의 경쟁력은 괄목할 성장을 이룩하였지만 대부분의 한국 기업은 아직 선진 기업에 비하여 부족한 부분이 많이 있습니다. 주요 상품을 보면 독일, 일본, 미국이 1등 상품을 많이 가지고 있습니다. 우리나라는 중국보다 오히려 적습니다. 한국이 제조업에서 갈 길은 멀기만 합니다.

이 때 생각해 볼 것이 있습니다.
정보통신 등 3차 산업이 커지고 있고, 전자 상거래가 생기고 있습니다.
미국의 경우 부가가치세를 전자 상거래를 통해 물건 구입 할 때는 한시적으로 부가가치세를 받지 않는 쪽으로 법안 통과하여 시행하다가, 최근에 와서는 2년 더 연장했습니다. 이의 의미는 이 부분을 육성하겠다는 것입니다.

유통은 생산성도 낮고 유통에 의해 더해지는 가치는 매우 적다고 할 수 있습니다. 생산성 측면에서는 바람직하지 않으므로, 직거래를 유도하겠다는 것이죠. 이렇게 해서 속도도 빨라지게 하고 재고도 줄이겠다는 정책인 것입니다.

이것이 최근의 변화입니다.

3차 산업이 많이 발달한 것은 사실입니다. 그러나 요즈음은 전통 제조산업에 정보기술을 활용한 2.5차 산업이 발달하고 있습니다. 이러면 생산성이 높아집니다.

어디서 비용이 발생하는지 실시간으로 알 수가 있다면 이익을 많이 높일 수 있을 것입니다… 어디서 어떤 일이 발생하는지 알 수 있다면 적절한 판단을 할 수 있을 것입니다. 그런데 그런 일이 가능한가?

가능합니다. 그 답을 ERP가 가지고 있습니다."

다른 발표자 보다 말이 길었지만, 닛시 컨설팅의 컨설턴트는 논리 정연하게 주장을 이끌었기 때문에 아무도 제동을 걸지 못했다. 그의 논리에 끌려가다 보니 흥분을 감출 수도 없었고, 시간이 가는 줄도 몰랐다. 다만 멍 할 뿐이다.

그 답을 ERP가 가지고 있다??
ERP가 가지고 있다!!

"최근 모 홈쇼핑의 매출이 최고 백화점 본점보다 매출이 커졌다는 발표가 있었습니다. 반세기의 전통뿐만 아니라 천문학적인 건물과 시설비, 그리고 홍보비를 투자하는 백화점으로 보면 통분할 일이지만 이런 일이 실제로 일어나고 있습니다. 이 프로젝트의 주인공 중 한 분을 모셔보겠습니다."

야 대단하다. 도대체 누가 그 주인공 자리를 차지해버렸나? 5년만 젊었어도… 아니 5년만 일찍 태어났었다면 내가 그 주인공이 되었을 텐데…
윽 저게 누구야!! 백대리가 발표 준비를 하는 것이다.
아니… 백대리가 그 주인공이란 건 말도 안돼. 저건 반 이상 거짓말일거야.

"제가 프로젝트를 수행했고, 현재 후속 작업을 하고 있는 홈쇼핑업체는 백화점 매출을 넘어서 이제는 세계 2위의 온라인 판매 업체로 부상했습니다."

말이 끝나지도 않았는데 박수가 쏟아졌다. 거짓말일거야. 야, 백대리 너 민선배에게 폼 잡느라고 거짓말 하고 있지… 왜 이렇게 목이 타지… 어머니… 저를 이렇게 늦둥이로 낳으셨었나요.

"세계 10위권 밖의 경제력을 가진 우리로서는 대단한 일입니다. 그러나 이 홈쇼핑의 방송국을 가보면 이건 우연이 아니다는 것을 아실 수 있을 것입니다.

이 홈쇼핑에서는 판매 추세의 실시간 그래프로 보면서 지난 1주 동안의 평균 매출과 비교하여 판단합니다. 판매를 시작한 품목이 처음 2시간 동안 지난 주 평균을 넘지 못한다면, 너 이상 판매하지 않고 대체품을 내 놓는 등 의사결정의 속도가 아주 빠릅니다. 호응이 좋은 품목만 판매하므로 소비자는 홍보를 믿고 사게 되었다는 분석입니다.

저희는 정보 통신을 활용하면 1차 2차 3차 산업의 구분이 없어질 것이라는 생각으로 이 일을 추진했습니다. 3차 산업도 정보를 보아가면서 수행하면 대단한 실적을 가질 수 있다는 것입니다. 업무를 뒷받침해 주는 인프라스터럭쳐가 중요합니다."

백대리 너 거짓말 하지 마. 전에 우리 고모님이 그러는데 그 홈쇼핑회사… 일 처리하는 시스템은 엉망이라 했어. 분명히 그 홈쇼핑이야.

정말이다.
작은 고모님은 참 바쁘시다. 물론 직장이 있기에 그렇다. 내가 누나도 아니고 작은 고모님께 관심을 가지는 것은 친지 중 용돈을 가장 많이 주시는 분이고, 나이 들어 받아도 돈 버는 분이기에 부담스럽지 않기 때문이다.

조카들이 소풍 가는 날이었다. 항상 고아처럼 내 팽개치다시피 하고 자기 일에 바쁜 고모님도 이 날만큼은 신경이 쓰였다. 회사에서 온라인으로 소풍 도시락에 필요한 재료를 주문했다고 한다. 3시간 후면 집에 배달 할 수 있으니, 퇴근 시간에 맞춰 배달해달란 코멘트를 달아서 엔터를 쳤다고 한다.

퇴근을 서둘러 집에 다다랐을 때 홈 쇼핑으로부터 전화가 왔다. '죄송한데요. 고객님이 주문하신 품목 중에 두 가지는 재고에 없어서요, 배달이 불가능합니다. 나머지 품목은 시간 맞춰 배달해 드리겠습니다. 두 품목은 원하시면 5일 후에 배달 가능합니다.'

순간 고모님은 얼굴이 노래졌다고 한다.
요즘 것들… 얼마나 입이 까다로운데… 성질은 얼마나 못되었고… 소풍 안 간다고 난리 칠게 뻔하고, 고모부와 부부싸움으로 커지겠지… 할머니 귀에라도 들어가는 날에는…

민선배를 힐끗 쳐다보았다. 민선배에게 고모님의 슬픈 이야기를 꼭 해줘야지… 같은 직장 여성으로 분명 분개할 거야. 백대리 말은 잘한다 마는…

> "물론 이 업체가 문제가 없는 것은 아닙니다. 매출 위주의 시스템이다 보니, 재고는 매출에 무조건 맞추는 것이었습니다. 그러다 보니 운송비용도 많이 들었고, 품절로 인한 고객 신뢰도 측면에서 문제가 되었습니다.
>
> 이제 기본으로 돌아가자는 취지에서 ERP를 다시 구축하고 있습니다. 이 기업의 문화와 관리 역량을 새로운 ERP 체계로 배가시킬 것입니다. 이후 빠른 스케쥴링 기능으로 지역별 제품재고와 생산 계획까지 포괄하는 납기 약속체계를 제공할 것입니다.
>
> 이 프로젝트가 끝나면 모든 창고와 공장의 재고 상황을 실시간으로 파악할 수 있을 뿐더러, 좀 황당하지만 라면이 팔려가는 추세를 보면서 밀가루의 생산 수급을 조정하는 수준까지도 공급망을 구성할 수 있을 것입니다."

백대리 알았어. 누구나 계획은 잘 세울 수 있는 거야. 변명하지 말고… 사나이답게 빨리 사라져… 마이크 돌리란 말이야.

선량한 젊은이가 속 터지는 줄도 모르고 야속한 관중들은 백대리에게 한 번 더 박수를 주는 것이었다. 다음 발표자에게로 마이크가 넘어가서야 흥분을 가라앉힐 수 있었다.
음… 눈치챈 사람은 없겠지?

사회자가 다시 말을 이었다.

"어느 종류의 제품이 어느 가게 어느 선반에서 머무르고 있다가 고객 손으로 갔는지? 폐기되었는지 알 수 있는 도구가 현재 있습니다.

조금 전 우리는 모 쇼핑이 최고 백화점을 능가했다. 오프라인 매출이 없는 사업 중 전 세계 2위까지 올라갔다는 얘기를 들었습니다. 그리고 이 홈 쇼핑이 세계 2위를 하는 데는 충분한 이유가 있다는 것도 알았으며, 가지고 있는 문제점도 발전 가능성도 보았습니다.

이 회사는 영업회사가 아니라 정보통신 회사라고 표현하는 것이 더 적당하다고 봅니다. 이 회사는 모든 물류에 대해 실천하고 있기 때문에 현재와 미래가 있는 것입니다. 그런데 그 중심에 ERP라는 기초가 얼마나 강하게 자리잡고 있느냐가 중요하다는 것을 지적하고 싶습니다.

무너진 회사와 무너지지 않은 회사의 차이는 IMF 이후 뚜렷하게 나타나고 있습니다. 현금 흐름(Cash flow)에 대해 미리 알고 움직이는 회사, 결산이 마감 후 3일 내에 되는 회사는 잘 되는 반면, 이것이 되지 않는 회사는 망했거나, 현재도 고전하고 있습니다. 여기에 필요한 정보를 ERP가 제공합니다."

쉽게 말하면 ERP 사용하는 회사는 IMF를 잘 극복했고, 사용하지 않는 회사는 망했거나 고전하고 있다는 말이다. 말의 잔치일까? 다들 ERP가 중요하다 한다.

IMF를 들먹이며 ERP를 설명하니 나 자신도 섬뜩하다. 나 역시 IMF의 여파로 계획보다 일찍 군대를 갔다고 볼 수 있다. 어차피 갔다 와야 할 과정이지만, 나도 IMF의 피해자라면 피해자다.

선배들의 표현을 빌리면 IMF 이후엔 툭 하면 해외로 어학연수 떠난다는 것이다. 그래서 나도 어학연수를 갔다 와야 하나 하는 부담감 속에 있다.

백대리가 사회자의 말을 이어갔다.

"예 저도 그 의견에 전적으로 동의합니다. 모 그룹의 회장 방은 비행기 조정실 같다고 합니다. 어느 지역에서 어느 종류의 제품이 예상과 대비하여 어떻게 팔리고 있다는 것을 한 눈에 볼 수 있다고 합니다. 추세가 파란색, 노란색, 빨간색으로 변화하고 있다는 것을 보면 즉시 판단을 내려줄 수 있을 것입니다. 회장이 보고 있는 정보를 모든 종업원이 공유하고 있습니다. 사실은 종업원의 정보를 회장이 종합해서 보는 것입니다.

ERP가 없다는 것은 나침반 없는 배와 같습니다. 기업이 커질수록 나침반은 더욱 정확히 작동되어야 합니다. 다시 말해 언제 어떤 일이 일어날지 온라인으로 볼 수 있어야 한다는 것입니다. 최근 기업이 어려움을 가졌던 회사들은 이런 정보들이 한 사람에 의해 운영되었기 때문이었습니다. 한 때는 일사불란한 지휘 체계로 급성장을 했을 수도 있습니다. 그러나 사람이란 실수할 수 있습니다. ERP 없이 큰 기업을 운영한다는 것은 나침반 없이 항해하는 것과 같습니다. 무서운 일입니다."

ERP가 없어 IMF 때 기업들이 어려움을 겪었다면… 무서운 일임에는 틀림없다. 너무 비약한 것인가? ERP의 본질을 좀더 깊이 공부해 볼 필요가 있을 것 같다. 그래… 컴퓨터 하는 선배들이 남의 말은 참고만 할 뿐 절대로 믿지 마라… 네 눈으로 확인해라 하셨으니…. 그런데 내 체질에 공부가 맞을까?

"전자 제품을 생산하는 중소기업을 가면, 웬만한 회사는 현장 상황이 인터넷으로 띄워집니다. 저의 회사도 경영자가 출장 가서 인터넷으로 상황을 볼 수 있습니다. 외국 바이어가 현장 실사 왔다가 온라인으로 파악되는 것을 보고 즉시 계약을 한 적도 여러 번 있습니다. 어떤 구매 담당 임원은 우리 시스템을 자기 회사에 팔 수 없냐고 한 적도 있습니다. 이런 것이 계산할 수 없는 효과입니다.

납기 약속도 실시간으로 가능합니다. 특히 우리의 약점이 어디에 있는지, 개선해야 할지 보여줄 수 있습니다. 정보가 통합되어 있지 않으면 알 수 없는 것이죠. 우리의 약점이 어디에 있나 하는 것을 볼 수 있다는 측면에서 ERP는 공통 데이터 베이스라고 표현하고 싶습니다."

ERP 예찬론이 끝없이 전개되니 지루한 느낌을 받았다. 이상한 일이다. 한 사람도 ERP에 비판적인 시각을 보내지 않는 것이다. 한 쪽으로 치우쳤다는 느낌이 들자 졸음이 몰려왔다. 충분히 보충수면을 하고 나왔는데 왜 이러지. 그 동안 너무 열심히 들었나?

백승호는 얼굴이 울그락 불그락 했다.
비록 여러 해 선배지만 아닌 것은 아닌 것이기에 내가 바른 소리 좀 해 버렸다. 신시대의 조류를 제대로 알지도 못하는 주제에 고리타분한 자기주장만 펴다니… 대중 앞에서 창피를 당해도 싸다고 생각된다. 통쾌하다. 인간 설기원이 이렇게 성장하였을 줄이야… 내가 생각해도 나의 논리가 멋있었고, 명명백백 옳았다. 우하하

웃음 소리가 너무 컸었나?
옆구리가 뜨끔하는 순간 눈이 번쩍 뜨였다
민선배가 눈을 흘기고 있었다…
놀라 자세를 고쳐 잡았다.
입에 침이 조금 흘러 있음을 발견하고 눈을 부릅떴다.

이런 정보를 얻기 위해, 최고 경영자가 올바른 경영 판단을 내리기 위해, 지금까지 일하는 방식을 벗어나 새로운 방식으로 일해야 합니다. 그래서 변화관리는 ERP 구축에 수반되어야 하는 매우 중요한 요소입니다.

무슨 소리인지 연결이 되지 않았다. 변화관리는 또 뭔지.

회의는 거의 끝나가는 듯 했다. 사회자는 토의를 정리하고 있었다.

"지금까지 우리는 ERP의 필요성을 사례들을 통해 토의했습니다. 그러나 ERP는 공짜로 얻어지는 것이 아니라는 것도 같이 나누었습니다. ERP를 성공한 업체들이 들인 노력과 고민들이 우리를 감명시켰고, 아직도 ERP 투자 효과를 얻지 못하고 어려워하는 기업이 많이 있음을 알고 있습니다.

그러나 ERP는 가능한 것이며, 국가 경쟁력을 위한 유일한 대안이기에 우리 기업은 가능한 빠른 시일 내에 추진하여 기초를 쌓아야 한다는 것입니다. ERP의 성공을 위해 고려해야 할 사항은 너무도 많습니다. 오늘 나누지 못한 부분, 또 다른 사례들은 다음 기회에 나누도록 하고 오늘은 이것으로 마칠까 합니다. 토론에 참가해주신 분들, 그리고 방청객 여러분 대단히 감사합니다."

사회자의 마지막 멘트가 끝나자 모두들 기립 박수를 쳤다. 나도 덩달아 일어섰지만 아직 눈은 충혈되어 있음을 느낄 수 있었다. 민선배의 시선이 따가웠다.

"이런 곳에서 코 골면 어떡하니?"

아니 내가 코를 골았다고?
내 얼굴 한번씩 보다가 존다 싶을 때 깨워 줬으면 좋았잖아. 어쩌면 백대리에게 넋이 빠져가지고 나는 안중에도 없었을 것이라는 생각에 부아가 치밀었다.

민선배에게 끌려서 백대리에게 갔다.
그냥 집에 가도 되잖아. 나가다가 우리 둘이서 꼬치어묵 국물에 떡볶이 먹어도 좋고… 민지우 너 내 마음 어떻게 그렇게도 몰라주니?

"백대리님 ERP 구현의 어려운 점은 실감 났어요. 많이 도움이 될 거예요"

뭐라고라고라…
언제 그런 발표를 했었지?
멍한 상태로 바보되어 서 있을 수 밖에…

다들 백대리에게 악수를 청하고 칭찬하고 난리 부루스였다.

아 — 자존심

비전의 핵심 목적이 수립되는 순간이었다…

'2년 내에 ERP/SCM 분야에서 백대리보다 실력자가 된다'

05 Cloud ERP 미래의 사장들

신정 연휴는 빨리도 지나갔다. 시끌벅적했던 명절의 흥은 이제 차분한 일상에 밀려나 차츰 그 자취를 감추고 있었다. 연휴가 끝나고 며칠 후, 작은 아버지로부터 전화가 한 통 걸려왔다. 아버지와 짧은 인사를 나눈 후, 나를 찾으셨다.

'작은 아버님 저 기원입니다'

'음 그래… 말씀 드려봤나?'

설날에 작은 아버지가 윤교수님을 한 번 뵙고 싶다고 했는데, 몇일 되지도 않아 물어보시는 것이었다. 다행이 나도 동아리 모임 나가는 날 윤교수님을 만나 개략적으로 여쭤만 본 것이 있었다.

'예, 사례는 필요없다고 하시고요… 대신 학생들이 작은아버님 공장을 견학할 수 있도록 해 달라시네요. 괜찮을까요?. 우리 친구들 좀 시끄러운데.'

'그런 거야 얼마든지 좋지. 사실 나도 신입사원 받아보면 속으로 이 친구들아 학교 다닐 때 공장 구경도 좀 하지 했거든…'

'윤교수님 컨설팅 비용이 비싼 분으로 알고 있어요. 경상도 식이 아닌 서울식으로 예우해 주셔야 해요'

'어허. 고수끼리는 통한다. 걱정 말거라'

'진행되면 작은 아버님뿐만 아니라 프로젝트 했던 분들과도 인터뷰를 해야 파악할 수 있다 하셨어요. 가능하면 학생들 공장 견학 후에 질의 응답 시간이 있으면 좋겠다 하시던데요… 어떻게 하실지는 저도 감이 안잡혀요.'

'너희들 좋은 교수님 만난 것 같다. 나도 빨리 뵙고 싶다. 날짜는 교수님 편하신 시간대로 정해서 기원이 네가 연락을 해라'

이번 방학은 윤교수님의 일정에 모처럼 여유가 있는 편이어서 어렵지 않게 허락을 맡을 수 있었다. 문제는 같이 방문할 친구들을 선택하는 것이었다. 작은 아버지는 2~30명 몰려와도 좋다고 말씀하셨지만 윤교수님은 나와 몇 명만 더 택하라고 말씀하셨다. 기업 견학과는 차원이 다르기에 부담스러우신 모양이었다.

그래도 지난 1년 동안 공부한 모임이 있으니 그 팀들 중에 두 팀을 고르면 어떻겠느냐는 제안을 드리자 작은아버지 회사에 부담이 되지 않는다면 그렇게 하자고 하셨다

우리의 연구 팀들은 재미있게 만들어졌었다.

"찬미. 애인 있어요?"

"비밀이예요"

수업 분위기에 맞지 않는 윤교수님의 황당한 질문에 찬미의 당돌한 응답이었다. 그러면서도 찬미는 특유의 생글생글 하는 미소를 잃지 않았다.

"그러면 그 분께 뭘 선물하고 싶지?"

"……"

"선물하고 싶은 것 없어? 해 본 것은 없니? 아니면 선물 받고 싶은 것은?"

"사랑요"

수업을 하는 것인지… 정말 감 잡기 힘들다.
이러다가 또 어떤 방향으로 불똥이 튈지.

"사랑! 이는 듣기만 하여도 가슴 뛰는 말이다."

"와하…"

뭔가 윤교수님의 사랑 얘기를 기대하며 몇몇이 탄성을 질렀다. 학생들은 수업 보다 신변잡담을 좋아한다. 물론 뒤에는 교수가 수업은 않고… 하면서 욕하겠지만. 윤교수님은 이를 아는지 모르는지 농담성의 말을 계속하였다.

"듣기만 해도 가슴 뛰는 말은 사랑이 아니고 청춘이었던가?

아무튼… 사랑을 준다. 아니면 사랑을 받는다. 참 좋은 말입니다
우리는 좋아하는 사람에게 사랑을 주고 싶습니다.
이 사랑은 무형적인 것으로 기업 용어로는 '서비스'라고 표현할 수 있을 것입니다. 반면에 유형적인 것이 있는데 이를 '제품'이라고 합니다
그러면 찬미가 말한 무형적인 사랑이 담겨있는 유형적 제품을 고른다면 무얼 선물하고 싶을까? 찬미씨"

여학생들의 기대는 교수님이 사모님과 어떻게 만났었는지… 학창 시절의 추억이 뭔지…
들을 필요를 느끼진 않지만 이런 시시콜콜한 애기인데…
윤교수님은 화제를 순식간에 바꿔버렸다.
다들 눈빛이 자기와 마주칠까 봐 고개를 숙이고 있다.
내 이름을 부르면 뭐라고 대답하지?

"혹시 나에게 선물하고 싶은 학생은 없나요?
나는 여러분들에게 개인적으로 받고 싶은 게 많아요"

갑자기 분위기가 가라앉았다.
전혀 예상하지 못한 요구이기에 뭘 어떻게 해야 할 바를 몰랐다.
아니 교수가 학생에게 이렇게 노골적으로 선물을 요구할 수 있나?
그것도 각 개인에게…

"별로 주고 싶은 마음이 없는 모양이지? 나는 선물을 좋아 하는데… 그럼 내가 받고 싶은 선물을 적어볼테니 골라보세요"

그는 칠판 왼쪽부터 뛰엄뛰엄 적기 시작했다.

전원주택, 자가용 비행기, 레저용 자동차, 대형 액정 TV, 평생 주유권, 최신형 노트북 컴퓨터, ㅇ….

무엇을 적나 긴장했다가 전원주택, 자가용 비행기 식으로 리스트가 만들어지니 모두들 웃어버렸다.
윤교수 특유의 썰렁 개그인가??
노트북 컴퓨터를 보고 다음 글자를 채 쓰기도 전에 미소가 따졌다.

"노트북 컴퓨터는 갖고 계시잖아요"

"아. 막내 딸이 사 달라고 졸라서요, 선물 들어오면 쓰던 것 주려고요"

"우~~"

어느덧 윤교수님과 우리들은 많이 친해져 있었다.
끊임없는 질문 공세에도 불구하고 우리들의 이름을 알고 이름을 불러준다는데 대해 다들 좋아했다.

"받고 싶은 것 다 적지 못하신 것 같은데, 적으시다 만 'ㅇ'로 시작되는 것이 무엇이었어요?"

성욱이 반장답게 수업을 진행시킬 목적으로 분위기를 잡았다.

또 무슨 황당한 선물일까?

'ㅇ'로 시작 되는 것… 옷? 이불? 아니겠지… 오토바이? 그럴싸하다. 아냐 수식어를 붙인 무엇일 테니 아름다운 무엇이 될 것도 같다.

"음… 이온 음료 한 잔"

하하하. 호호호.

"그건 제가 사 드릴게요"

"저두요"

"커피는 어떠세요"

"자장면으로 바꾸시죠?"

"난 사주는 것은 싫어. 특히 커피는 끊은 지 7~8년 되었어"

"그럼 어떻게 드려요?"

"만들어 줘야지. 그것도 첨단 기술을 써서"

"우~~"

"우~ 라니 교수님이 말씀하시는데… 이 친구들 안 되겠구먼…
10분 동안 반성할 시간을 드리겠습니다. 복도에서도 좋고, 뒤 산을 보면서도 좋고, 운동장을 보면서도 좋습니다.

충분히 반성하세요. 그리고 나에게 만들어서 선물해 줄 것을 선택하십시오. 사서 주는 것 아닙니다. 이해되죠? 여러분이 사장이나 공장장이 되어 만들어 주는 것입니다"

휴식은 역시 즐거웠다.
그러나 두렵기도 했다.
무엇을 선택해야 할까.

전원주택, 자가용 비행기, 레저용 자동차, 대형 액정 TV, 평생 주유권, 최신형 노트북 컴퓨터, 그리고 이온 음료 한잔.

이온 음료수가 아니라 과일 주스였다면 부담 없이 음료수를 택했을 것이다.

왜 이것을 만들어 달라고 하지?
우리의 비전을 구체화 해 보려고 그러는 것인가?
아니면 제조 과정을 설명하려고 하는 것인가?

휴식은 휴식답게.
나는 노트북 컴퓨터를 선택했다.
이유는
그냥.
생각하기 싫으니까.

수업 시간도 정신없이 지나갔는데 휴식 시간은 왜 또 이리 빨리 가는 건지?
교실에 들어섰을 때 이미 강의가 진행되고 있었다.
들어 오는 순서대로 선택한 선물에 대해 묻고 칠판에 표시하시는 것이다.

대부분이 선물을 선택하지 않았기에 당황하며 대충 남이 많이 하지 않은 것으로 선택하는 분위기이다.

"기원군. 반성의 시간이 긴 만큼 의미 있는 선물을 준비했겠지? 뭘 주고 싶어요?"

"최신형 노트북요"

"야 참 좋다. 내가 가장 갖고 싶은 것이라는 것을 어떻게 알았지?"

"교수님 좀 전엔 자동차라 하셨었잖아요?"

"그건 좀 전이었지. 지금은 노트북이예요. 그래 왜 주고 싶은데"

참 당황스럽다.
그러나 "그냥요"라고 답할 수밖에 없었다.

"그냥이라니. 경은 무엄하다고 생각지 않소?"

갑작스런 사극 조의 농담에 친구들은 한바탕 웃었지만, 나는 머리가 복잡했다.
다음에 펼쳐질 질문에 대해 전혀 대비하지 못하고 있으니.

윤교수님은 각자가 주겠다고 선택한 제품 앞 으로 모이라고 했다.
수업이 끝날 시간인가 보다.
칠판에 적혀 있는 선물을 20년 후에 받고 싶다 하면서, 그 때에는 선물해 줄 수 있겠느냐고 물어 보신다. 거의 체면 차례겠지만 모두들 그렇게 하겠노라고… 어떤 이는 주먹을 불끈 쥐며 꼭 그렇게 하겠노라고 마치 사명감이라도 있는 듯….

"그럼 여러분 들을 20년 후 해당 제조 회사의 사장으로 임명합니다.
꼭 이루어질 수 있도록 기도할 테니, 여러분들도 꿈을 달성하기 위해 하나씩 실천하기 바랍니다.

실천의 첫 단계로 여러분들이 선택한 제품의 특성을 알아보도록 하겠습니다."

이렇게 제품별 스터디 그룹이 만들어졌고, 두 학기 동한 재미있게 활동하였었다. 제품 생명 주기와 여러 가지 분석 도표에 의해 특징을 조사했었고, 이 특성들을 잘 지원하기 위해 시스템이나 조직은 어떤 기능이 강조되어야 하는지 다들 이해하고 자기의 소신을 펼 수 있을 정도는 되어 있다.

특히 지난학기에는 물류센터를 방문해서 현업에 계신 분들이 당황할 정도로 질의 응답도 했고, 나름대로 개선 방안을 리포트로 제출해 좋은 평가를 받았었다.

이번 작은 아버님 공장의 방문이 소문나자 다들 자기가 참가해야 한다는 당위성을 주장하였고, 어떤 친구들은 나에게 개인적으로 부탁에 협박까지 했다. 두 해만 거슬러 올라가보더라도 어디 견학 간다면 숫제 반은 학교에 나오지 않았었는데 엄청난 변화이다.

결국 나의 노트북 컴퓨터 조와 지난 두 학기 동안 성적이 좋았던 찬미의 레저용 자동차 조가 선정되었다. 찬미의 조에 대해서는 다들 말이 없었지만, 나의 노트북 컴퓨터 조가 선택된 것은 지난 학기 찬미 조를 제치고 1등을 차지했던 적이 있었음에도 불구하고 내가 포함되어 있어서 프리미엄이 작용했다는 둥 시비가 있었다.
사실 작은 아버님 공장의 제품과 개념이 가장 맞는 조는 우리 노트북과 액정TV 조이고, 우리 조가 더 활동이 많았으므로 뽑히는 것은 당연한데…

06 Cloud ERP 고수들의 만남

우리는 다음날 작은 아버지께서 버스를 보내주신다기에 학교에서 모여서 윤교수님과 함께 출발을 하였다.

가는 버스안에서 문득 지난번 작은 아버지께서 '좌우간 나는 양복 말끔히 빼 입고 오는 컨설턴트는 밥맛이라' 하셨던 말이 생각이 났다. 그래서 윤교수님의 복장에 대해 좀 신경이 쓰였다. 그렇다고 넥타이 하지 말고 오시라 말 할 수도 없고… 평소 본사에 방문하실 때는 양복을, 공장에는 점퍼류나 콤비를 입으시는 것을 보았지만, 그 때는 대부분 교수님이 아는 곳이었고, 작은 아버지 공장은 첫 방문인데…
'몰라… 고수들끼리 알아서 하시겠지.'

우린 잠시 후 작은 아버지의 공장 앞에 도착을 하였고
작은 아버지가 마중을 나와 계셨다.

버스에서 내린 후 내가 교수님을 작은아버지께 소개를 시켜드렸고, 두 분은 마치 오랜 친구처럼 다정하게 말했다.
역시 고수들은 통하는 게 있는 건가?

그러나 고수들의 여유 속에서도 탐색전이 시작되고 있었다.

작은 아버지는 전산팀장을 비롯한 여러 명의 팀장들을 뒤로하고, 윤교수님은 학생 6명을 뒤로하며 대진을 펼쳤다

두 분이 인사를 나누는 동안 우리는 팀장들과 명함을 주고 받았다. 학생들이 명함을 만들어 왔다는 게 기특했는지 한 번 더 들여다보신다. 작은 아버지도 '기원아 작은 아버지는 안 주나?' 하시며 기분 좋아하셨다.

"저는 조카가 괜찮은 놈이라고는 생각해 왔습니다. 그런데 최근의 모습을 보면 자랑스럽습니다. 우리 가족을 대표해서 교수님께 감사 드립니다. 이 명함만 하더라도 저희 때는 생각도 못했고, 우리 아이도 이런 것 사용하는 걸 보지 못 했는데 잘 지도해 주셔서 감사합니다"

이렇게 인사를 나눈 후 우리는 guest room에서 간단한 다과를 나누며 잠시 여유를 가지며 가벼운 대화를 시작하였다.

윤교수님이 먼저 이야기를 시작하셨다.

"오기 전에 홈페이지와 신문 기사를 검색해 보았습니다. 핵심역량을 가진 발전하는 기업으로 소개되어 있고, 특히 씨피에프알(CPFR)을 도입하여 효과를 내었다는 기사가 인상적이었습니다. 그래서 기원군 덕분에 좋은 경험을 하는구나 하고 감사하며 왔었습니다."

'CPFR'란 생소한 용어를 듣는 순간 언뜻 작은 아버지의 미간이 찌푸려졌다. 고객과 공급자가 협력하여 계획하고 예측하고 보충하자는 뜻으로 영어로는 협업이라는 의미의 Collaborative, 계획 Planning, 예측 Forecasting 그리고 보충을 말하는 Replenishment로 구성되어 있는데 작은 아버지에게는 생소한 용어인 모양이다. 자기도 모르는 기사를 손님이 알고 있다니 하는 감정을 감추려고 애쓰는 모습이었다.

“지난번 보고 드렸던 ‘협업’ 건입니다. 협회에서 저희 회사를 성공 사례로 발표하였습니다. 이로 인해 재고 절감 효과가….”

전산팀장이 얼른 말을 받아 설명하였다. 그 역시 당혹스러워 하는 게 뭐가 있는 모양이다.

“자네는 무슨 언론 플레이 전문가인가?
ERP도 성공했다고 신문에 냈다며?
폼만 잡지말고 기본부터 똑바로 해라 똑바로!!”

ERP건 이후로 전산팀장은 작은 아버지 눈 밖에 난 모양이다.
분위기가 좀 어색함을 느끼셨는지, 윤교수님은 작은 아버지를 향해 죄송하다는 말을 걸어왔다.

“아이고 제가 도리어 죄송합니다. 분위기 파악도 못하고… 저는 기원군이 하도 설사장님 자랑을 해서, 제 실력 없는 것 들키지 않으려고 좀 아는 척 하려 했었는데 잘못 짚었습니다. 하하”

사실 윤교수님은 가능한 상대가 알아들을 수 있는 용어를 쓰신다. 평소 같으면 CPFR 같은 용어는 들먹이지도 않았을 것이고, 꼭 필요하다면 풀어서 예까지 들어가면서 설명했을 분이다.

“아뇨. 저희 회사 실상을 정확히 짚으신 것입니다. 겉으로 포장된 것과 속으로 썩어가고 있는 것은 엄청난 차이 입니다. 저는 이 친구들 굶길까 봐 등에 식은땀이 나는데, 본인들은 못 느끼나 봐요. 오늘 한 수 알려 주십시오. 주사도 큰 주사로 한 방 주십시오”

작은 아버지의 장기인 솔직함이 그대로 드러났다. 배석한 팀장들이 상처 받지 않을까 걱정되긴 했지만…

“그렇게 말씀해 주시니 감사합니다. 사실 저는 직업이 컨설턴트고, 학교에서 교수란 호칭도 듣다 보니 주제넘게 꼭 남을 가르치려 듭니다. 아까 절감효과가 있었다는 협업의 경우도 ERP가 기반이 되면 더 많은 효과가 날 것이라는 것을 말씀드리고 싶었던 것입니다."

"그런데 그 ERP가 말썽 아닙니까. 일을 해도 좀 종합적으로 순리적으로 해야 하는데 그 협업이라는 것 맞추느라고 다들 엄청 고생했어요. 고생해서 이룩해 놓았으면, 다음부터는 문화로 정착해야 하는데, 곧 도루묵이 되는 거예요"

"예 그래서 통합 정보 데이터베이스가 필요하고, ERP가 그 역할을 해 줄 수 있습니다."

"사실 저는 ERP에 대해 하도 속아서… 경상도 말로 진절머리가 납니다. 교수님이 마지막이다 생각하고 초청한 것입니다.
하루는 저 친구가 컨설턴트라고 한 사람을 데려 왔더라고요… 글쎄 이분 하시는 말씀이… 느닷없이 ERP는 현 상태로 유지하고, 확장 ERP를 해야만 상황이 좋아질 거라고 … 2억을 더 투자 하래요. 아무리 세상이 좋아졌지만 2억이 누구 애 이름입니까?"

"하하. 그래서 뭐라고 말씀하셨습니까?

"하나를 보면 둘을 알지요. 자기 일 못하는 친구 다른 일 시키면 역시 못해요. 차라리 직원들 보너스 주겠다고 했죠. 전산팀장만 빼고. 그랬더니 그 친구 그러면 설원전자의 미래가 없다고 겁주더군요."

"그래 겁나시던가요?"

"그래서 겁먹고 이렇게 교수님을 초청했지 않습니까?"

"사실 저 같은 컨설턴트들도 위기의식을 느끼고 있습니다.
몇 년 전 미국 신문에 'MRP/ERP가 잘 나가는 기업의 발목을 잡고 있다.' '1962년 이후로 MRP의 성공율은 10% 미만이다' 라는 기사가 났었습니다. 이게 메켄지 리포트나 하버드 비즈니스 리뷰 같은 전문지에 났다면, 마치 우리나라 전자신문이나 ERP 논문집에 난 것처럼 잘하자는 의미의 바람직한 기사이지만, 주요 일간지에 난 것은 제 같은 컨설턴트들에게 자숙의 기회를 주었습니다”

“그래도 요즘은 많이 성공한다고 들었습니다.”

“많은 분들이 노력한 결과, 시행착오도 줄어들고, 방법론도 많이 정착이 되었습니다. 특히 변화관리 차원에서 ERP를 구축하면서 성공률이 높아졌습니다”

“변화관리… 영어가 아니어서 듣기 거북하진 않은데 처음 듣는 용어군요”

“다들 그러잖아요. 기업 환경이 급속도로 변하고 있다고요. 이건 사실이고 이 변화에 대응하려면 기업도 변해야 하는 것은 당연이죠. 이러한 기업의 중대한 변화를 기업 성과가 향상되는 방향으로 관리하는 것이 바로 변화관리입니다”

“ERP를 구축 한다는 것이 기업의 중대한 변화란 것은 인정을 하겠습니다. 그런데 ERP를 잘 사용하면 됐지 무슨 변화를 관리한다는 것입니까?”

“많은 경우 ERP를 S/W로 사다가 설치하여 사용하는 것으로 알고 있습니다. 개념이 이렇게 잡히면. S/W가 사용자에게 편리하지 않다고 판단될 경우 프로그램을 수정하자고 합니다.”

“사람을 위한 컴퓨터 프로그램인데… 편리하지 않으면 고쳐야 하는 게 당연한 것 아닌가요?

“틀리지 않은 말씀입니다. 그러나 우리보다 나은 회사에서 사용하는 업무 절차를 배워 왔는데, 우리 회사가 일해 오던 방식과는 다르다면 이 경우는 어떻게 하시겠습니까?”

“그게 소위 BPR이라는 것 아닙니까? 저도 책은 몇 권 읽고 개념은 잡았지만 어찌 적용할까 고민해 본적이 있습니다만”

“ 그 절차가 ERP란 시스템에 반영되어 있다면은요?”

"아하!!"

"회사의 실정에 맞게 ERP를 구축하려 하지 말고, ERP를 사용할 수 있는 회사의 조직과 인력이 되도록 해라. 시사하는 바가 크죠

"하지만 BPR이 어떻게?"

"BPR의 경우는 경영혁신의 한 방법으로 그 중요성이 이미 90년대부터 강조되어 왔지만 특별한 구현 수단이 없었습니다.
이런 상황에서 정보시스템의 발전, 특히 ERP의 부각과 함께 서로 떨어질 수 없는 관계가 되었습니다. 조직과 업무 체제의 개선 및 표준화를 위한 BPR그리고 표준화의 궁극인 도구가 되는 ERP, 이는 기업 업무를 일거에 변화시킬 수 있는 좋은 기회가 되는 것입니다."

작은 아버지는 이제 뭔가 알 것 같다는 표정을 지으며, 윤교수님과의 대화에 빨려 들어갔다. 팀장들이나 우리 학생들은 완전히 꾸어다 놓은 보리자루가 되어 있었다. 그러나 나 개인적으로는 두 분의 대화가 풀려 나가는 방향을 보고 그저 감탄할 뿐이었다.

윤교수님이 나름대로 자신의 주장을 펴고 있다면, 작은 아버지 역시 윤교수님의 지식을 최대한 활용하기 위한 절차를 밟고 있는 것이다. 누가 더 고수인가? 두 분 다 내가 존경하는 분이기에 승패를 따져보고 싶었다.

"ERP는 옷으로 치면 기성복이기 때문에 팔 길이나 바지 길이 같이 일부 수선을 해야 할 부분도 있습니다. 그러나 주머니나 단추 위치 등은 내가 옷에 익숙해져야 할 부분이 있는 것입니다. 따라서 ERP는 S/W의 변경과 동시에 회사의 모든 업무의 정립이 따라가야 합니다. 사람은 변화를 싫어하기 때문에 조심스럽고 치밀하게 접근해야 합니다. 직원의 감정까지 고려해야 하는 어려운 작업이기에 변화관리라고 합니다"

작은 아버지는 한 동안 고개를 숙인 채 말씀이 없으셨다. 그 동안 어지러웠던 것들이 빠르게 정리되는 모양이다. 아니면 새로운 정보들로 나름대로 세워 놓았던 체계들이 무너지고 있는지도 모를 일이다. 수십 초의 어색한 시간이 지나 작은 아버지께서 고개를 들었다.

"감사합니다, 교수님. 뭐가 잡히는 것도 같습니다.
일단 공장 돌아보시며, 실무자들과도 얘기를 좀 나누신 다음 저에게 시간을 좀 내 주셨으면 합니다. 저도 좀 정리를 해 봐야겠습니다."

Do you want to connect?

07 Cloud ERP 현장을 보는 눈

우리는 생산팀장이 바쁜 관계로 작은아버지의 최측근 참모인 관리팀 손재형 팀장의 안내를 받으며 공장 견학을 시작했다. 손팀장은 생산 현장 출신이 아닐까 하는 생각이 들 정도로 공장의 구석구석을 손바닥 처럼 알고 있었다. 작은 아버지의 핀잔으로 의기소침하고 있는 전산팀의 전희민 팀장도 현장에 대해서 빠삭했다. 현장이 중시하고 있는 회사 분위기를 느낄 수 있었다.

윤교수님은 현장에 돌아다니는 문서들에 특히 관심이 많았다. 손팀장의 설명에도 불구하고 윤교수님은 일하는 분들을 붙들고 이것 저것 물어보는 바람에 손팀장은 머쓱해 한 적이 여러 번 있었고, 예정보다 훨씬 많은 시간이 걸렸다.

현장의 몇 군데에 PC가 설치되어 있었는데, 윤교수님은 이것도 그냥 지나지 않았다. 기종도 많이 노후화된 것이었고, 자세히 보니 시꺼먼 때가 묻어 있는 것이었다. 전원도 켜지지 않은 것이 필경 사용하지 않는 것 같았다. 윤교수님은 PC로 뚜벅뚜벅 걸어가 전원을 올리고 어떤 프로그램이 작동되는지 탐색기로 조사해 보는 것이었다.

문서나 장비에 대해서는 장황하리 만큼 열변을 토하던 손팀장이 때 낀 PC 앞에서는 한마디 못하고 안절부절 못할 뿐이었다. 공연히 전산팀의 전팀장을 보며 불만의 표시를 하는게 아마 현장에 PC를 왜 주었느냐, 쓰지도 않을 것을… 나무라는 분위기 였고, 전팀장은 현장에 좋은 PC 주자고 했는데 왜 새 PC는 사무실에서 사용하고, 현장에 고물 PC를 주었느냐며 따지는 느낌이었다. 공장 구경을 하면서도 묘한 감정의 갈등을 느꼈다.

현장 견학이 거의 끝났을 때 손팀장은 ERP 때문에 너무 속상 하다는 표현을 했다. 자신은 가장 존경하는 설사장이 마음 아파하는 것을 보며, ERP는 무언가 잘못된 것이라는 느낌을 받는다고 했다. 나를 통해 작은아버지께 들어가라고 하는 얘기인지… 말만으로 판단하면 작은아버지께는 충직한 부하였다.

전팀장이 화난 목소리로 대어 들었다. 서로 막말 하듯 하는 걸 보면 친해서 인지 싫어해서 인지 잘 분간되지 않았다.

"아니 형님. 내가 말했잖습니까?"

이들은 '형님' 혹은 '야', '자네'로 호칭하는 것이 작은아버지의 성격이 그대로 반영되어 있는 것 같다.

"IMF 때 무너진 회사의 공통점이 뭔지 아세요. 현금 흐름이 파악 되지 않는다는 거죠. 이 정보를 ERP가 주는 것입니다"

"야 우리는 ERP 쓴다며… 그래도 결산서 나오는 데는 수작업이 빠르지 않아?'

"우리는 ERP 사다 놓고 못쓰는 거죠. 특히 형님 부서의 협조가 없어서 그런 거죠. 그 쓸데없는 관리 시스템 때문에…"

"아니 너는 때와 장소를 가리지 않고 고참을 갈구냐? 그럼 우리는 망하거나 고전하는 회사게… 아냐 재무 상태 좋아. 사장님이 판단할 수 있는 좋은 관리 시스템도 있고. 사원들은 비전도 있고, 사기도 높아. 자네 ERP만 아니었으면 더 좋았지… 너는 무조건 반성해야 돼 이 사람아."

두 사람이 싸우는 것을 엿듣는 것도 참 재미있었다.

그 동안 작은아버지로부터 들은 전팀장의 좋지 않은 이미지에도 불구하고, 전팀장을 편들고 싶어졌다. 관리팀장이 친한 척 하면서 전산팀장이 일을 추진하는 데는 방해가 많이 되었을 거라는 생각이 들었다. 사장인 작은아버지께도 전팀장의 의사에 반하는 보고를 했을 것도 같았다.

우리는 공장을 둘러본 후 다시 작은 아버지와의 시간을 가졌다.

회의실에 작은아버지께서 기다리고 계셨다.

"어떻게 보셨습니까? 형편 없지요?"

"그렇지 않습니다. 이런 경쟁력 있는 공장을 보여 주셔서 대단히 감사합니다. 저는 공장을 보면 먼저 ERP를 할 수 있는 환경이 되어 있는지를 봅니다. 별 노하우가 있는 것은 아니고, 일단 공장 생산라인이나 창고가 정리되어 있는지를 봅니다. 아시다시피 정리정돈은 개선의 시작이기에 그 동안 어느 정도의 개선 노력을 했는지를 가늠하는 것입니다. 설원전자는 이 면에서는 일단 ERP를 할 준비가 되어 있다고 봅니다"

"부끄럽습니다. 정리 정돈이나 현장 개선은 그 동안 저스트 인 타임(JIT)의 기법을 적용하여 왔고, 최근에는 6 시그마의 도입을 검토하고 있습니다. 하긴 이거나 저거나 품질 운동이긴 마찬가지입니다만…"

"두 번째로 보는 것은 회사의 업무 절차가 규정으로 명문화되어 있는지를 봅니다. 다시 말해 법규를 만들어 지키는지 아니면 과거의 관습을 따르고 특이한 경우는 그때 그때 판단하여 처리하는 지를 보는 것입니다. 이 부분은 아직 검토를 못하였습니다"

"저희의 관리보고 시스템을 보셨나요. 매일 회사의 중요 지표를 보고 받으니 저에겐 참 편리한 시스템입니다만… "

손팀장이 장황하게 자랑하던 시스템이다. 현장에 있는 PC에 대해서는 과민 반응을 보이던 사람이, 관리팀에서 개발 했다며 자랑했던 그 시스템이다. 아침에 오면 각 부서의 여사원들이 전날의 데이터를 집계하여 파일 서브에 올려놓으면, 관리부서에서 집계하는 프로그램을 돌려 사장에게 보고하는 체계의 시스템이다.

관리팀장과 사장 외에는 보고서가 어떻게 나오는지 아무도 모른다고 했다. 다른 팀장들도 봐야 하지 않느냐 했더니, 사장님이 보시고 나면 각 팀으로 전달한다며 또 그 충성심을 보였던 시스템….

"제가 아는 한 회사에는 7AM이란 시스템이 있습니다. 매일 아침 7시면 만들어지는 리포터 시스템입니다."

"저희는 7시엔 불가능하고 보통 오후 2시 정도는 볼 수 있습니다."

"7AM 리포트는 만들어짐과 동시에 DB에 저장되어 E-Mail로 주요 팀장과 임원들에게 전달됩니다. 물론 DB에 저장되어 있기 때문에 필요한 사람은 언제든지 확인해 볼 수 있습니다"

관리팀 손팀장이 끼어들었다.

"저희는 상황이 좀 다릅니다. 사장님 외에는 보실 필요가 없는 것이 대부분입니다. 필요하다면 사장님께서 보내 주라고 말씀하십니다"

순간 'ERP 없는 기업은 나침반 없는 배와 같다'는 말이 목 끝까지 올라 왔다.
기업이 커질수록 나침반은 더욱 정확히 작동되어야 한다는 점을 알까 모를까? 나폴레옹이 러시아 전쟁에서 실패한 것도 기상예보를 무시한 혼자만의 독불 장군 식 판단 때문이었다는 것을 알까 모를까?

갑자기 작은 아버지가 불쌍하다는 생각이 들었다. 손팀장 같은 아부파만 많다면 본인의 안테나에 잡히지 않는 회사의 약점은 전혀 모르실 텐데… 중요한 판단을 할 때는 정말 외롭겠다는 생각이 들었다.

"교수님 말씀하시는 것은 대기업이나 가능하겠죠?"

작은 아버지도 손팀장편에서 거들어주었다.

"물론 대기업 중에 잘 되어있는 곳이 많습니다만, 규모가 작은 기업도 마찬가지 입니다. 사장이 출장 가서도 인터넷으로 상황을 볼 수 있는 기업이 많습니다. 외국 바이어가 현장 실사 왔다가 온라인으로 파악되는 것을 보고 즉시 계약을 했다는 얘기는 많이 듣습니다."

"저도 얘기는 들었습니다만, 제가 아는 회사들은 대부분 저희 수준이거든요"

"현실입니다. 그러나 경쟁 요소가 급변하는 시대에서는 분권화된 조직이 효과적이고, 이를 지원하는 시스템이 필요합니다. 그래서 정부에서도 수년 전부터 ERP나 IT 투자를 지원하고 있습니다. ERP를 유일한 대안이라고 판단한 것이죠.
각 직원이 각자의 위치에서 판단해야 하는데 판단에 필요한 정보를 특정인이 독점한다면, 바른 판단이 될 수 없습니다. 결국 기회를 놓치게 되고, 정보를 가진 자의 눈치를 보게 되죠"

작은 아버지가 신음 소리를 냈다.

"저는 그들이 주인 의식이 부족해서, 좋은 게 좋다는 식으로 판단한다고 생각해 왔습니다만…. 생각해 볼 문제이군요"

"우수한 경영자의 판단에 의해 조직이 일목요연하게 움직이면 가장 효율적일 것입니다. 그러나 경영자가 실수하지 않는다는 보장이 없습니다. 사람이란 실수 할 수 있습니다. 정보들이 한 사람에 의해 다루어지기 때문에 IMF 이후 현재까지 어려움을 당하고 있는 대표적인 기업이 있습니다.

사장님께서도 짐작하실 수 있을 것입니다. ERP 없이 큰 기업을 운영한다는 것은 나침반 없이 항해하는 것과 같습니다. 무서운 일이죠. 더 중요한 것은 날이 갈수록 왜곡된 정보가 전달되는 것입니다"

"왜곡된 정보… 이 점은 제가 관리팀장에게 부단히 요구하고 있습니다. 참모의 역할에 대해서요"

"이전에 중앙정보부라는 무서운 조직이 있지 않았습니까? 사장님께서 대통령이라 가정하고 중앙정보부로부터 엄선된 보고를 받고 싶은 것인지… 좀 마음에 들지 않고, 때로는 대통령에게 불편한 의견일지라도 각 부처로부터 실상을 보고를 받고 싶은 것인지를 판단하시면 됩니다"

"음…"

"그리고, 보고 받은 내용을 1급 비밀로 분류해서 혼자만 알고 계실 것인지, 필요한 직원에게 아니 전 직원에게 공개할 것인지도 결정해야 합니다. 공개를 결정하신다면 실시간으로 공유할 수 있는 방법이 ERP에 있다고 생각하시면 됩니다"

"당연히 모든 것을 오픈 해야죠. 현 시대는 고객도 주주나 은행 같은 스테이크홀더들도 개방을 요구합니다. 직원이 최대의 고객인데 그들에게 필요한 모든 정보를 주고 싶습니다"

"제가 아는 모 그룹의 회장방은 비행기 조종실 같이 생겼습니다. 어느 지역에서 어느 종류의 제품이 예상과 대비하여 어떻게 팔리고 있다는 것을 보면서 판단합니다. 추세의 변화를 파란색, 노란색, 빨간색으로 보면서 즉시 판단을 내립니다. 물론 이 데이터는 전 관리자가 공유할 수 있죠. 각 관리자들은 빨간색이 되기 전에 필요한 조치를 합니다"

"언제 어떤 일이 일어날지 온라인으로 볼 수 있는 체계의 기반에는 ERP가 자리잡고 있다는 말씀이시군요."

"그렇습니다. ERP를 기반으로 하면 납기 약속도 실시간으로 가능합니다."

"좀 꿈 같은 얘기로 들립니다."

"특히 우리의 약점이 어디에 있는지, 개선해야 할 지 보여줄 수 있습니다. 우리의 약점이 어디에 있나 하는 것을 볼 수 있다는 측면에서 ERP는 공통 데이터 베이스다라고 합니다"

"일리가 있는 말씀이군요. 사실 문제가 있는데도, 그 근본 원인을 찾으려면 피곤하죠. 여기다 싫어 조사해 보면 항상 변명거리가 있어요. 물론 사전 원인 제공자도 있고요. 그래서 그 쪽에 가 보면 또 얽혀 있어요… 이런 개선점이 ERP를 하면 보인다… 행복한 일이군요"

"ERP가 1년 2년이 지나면 한 단계 더 올리는 일을 해야 하는데, 영업 사원이 고객을 만나 계약을 이루어지면, 매출을 올리기 위해 들인 시간 즉 인적 자원까지 제품별로 보고가 될 수 있을 것입니다."

"너무 빨리 진도가 나가는 것 같습니다. 영업 사원이 싫어하겠는데요"

" 그래서 어떤 사람은 ERP를 '변화관리'라고 합니다. 이렇게 필요한 정보를 얻기 위해, 최고 경영자가 올바른 경영 판단을 내리기 위해, 지금까지 일하는 방식을 벗어나 새로운 방식으로 일해야 하기 때문입니다. 이러한 변화에는 조직원의 감정까지 관리해야 하는 것이죠."

"변화… 꼭 필요한 만큼 어렵죠…"

"ERP는 어려운 면도 있지만, 지시 대비 이행을 보여 주면서 미래를 예측하게 한다는 측면에서 크게 어려운 것도 아닙니다. 물론 이런 멋진 결과가 단숨에 쉽게 이루어지는 것은 아니죠. 이미 설원 전자가 경험했듯이…"

"계획 대비 실적이란 말을 들어봤는데, 지시대비 이행은 생소합니다"

"하하~ ERP의 마지막 Planning이 계획이란 의미이지만, 사실 ERP는 계획 시스템보다는 운영시스템에 가깝습니다. 시스템이 계산한 지시와, 이의 이행 여부가 중요하죠."

"아직 이해는 안되지만…. 뭔가 건질게 있을 것같다는 기분은 들어요. 이왕 오신 김에 저희 ERP를 살릴 방법을 좀 찾아 주십시오"

"제 능력으로 가능할지 모르겠습니다만… 지난번 프로젝트 진행했던 분들과 앞으로 이 일을 할 분들을 소개해 주시면 몇 가지를 점검해 보겠습니다."

"전팀장. 여기 전희민 팀장이 전산실을 맡고 있습니다. 지난번 ERP 프로젝트 실패로 미운 털이 박혀 있습니다만 몇 억원 들여서라도 공부시킬 만한 인격이 되어 있는 친구입니다. 학습 속도가 빨라서 교수님 말씀을 잘 알아들을 수 있을 것입니다.

전팀장!! 마지막 기회야. 나 더 이상 자네 교육비로 쓸 돈 없어!"

전희민 팀장. 다른 팀장들과는 다섯 살 이상 차이 나 보이는 젊은 팀장이다. 회사를 위해 이 분에게 전적으로 의지하여 몇 억원을 투자하신 작은 아버지가 존경스러울 뿐이다. 조카에게도 좀 투자해주시지… 전팀장이 부러웠다.

08 Cloud ERP 프로젝트를 보는 눈

우리는 전팀장의 안내를 받으며 전산실로 들어갔다.

전팀장은 윤교수님이 요구한 프로젝트 진행 자료를 탁자 위에 올려놓았다. 그의 태도에는 상당한 불손함이 포함되어 있었다. 뭔가 뒤틀려 있는 모양이다.

"전팀장님은 제가 온 게 불만인 모양입니다"

윤교수님이 느닷없이 전팀장을 찔러 보았다.

"아! 아뇨! 교수님. 저도 교수님의 명성을 듣고 있었습니다. 그래서 오늘 이렇게 독대한 자리가 저로서는 영광입니다"

"결과가 기대했던 것이 아니었던 모양이죠? 하하"

"아뇨. 말씀들 감명 깊었고요, 제가 좀 어려워서 굳어져 있을 뿐입니다"

"전팀장님. 우리같이 전산 밥 먹는 사람들은 마음을 터 놓아야 합니다. 그렇지 않으면 오픈 시스템이란 말을 꺼낼 수 없죠"

윤교수님은 마치 '나 너의 마음 다 알아' 하시는 것 같은 눈으로 전팀장을 바라보고 있었다.

"사실… 교수님 말씀이 다 맞는 말씀이기에 인정할 수 밖에 없지만, 동료 컨설턴트를 너무 죽여버리시는 것 같아 듣기가 민망한 부분도 있었습니다."

"그랬던가요? 하하. 좀전에 설사장님께도 말씀드렸지만, 사실 제가 APICS 컨퍼런스에 갔을 때 'ERP가 잘 나가는 중소기업의 발목을 잡고 있다'는 제목의 신문을 보고 그 자리에 모였던 컨설턴트들이 엄숙한 분위기로 자기 반성한 적이 있습니다"

"그럼 교수님께서 자기반성 하시면 되지, 왜 다른 분들을 그렇게 무시하십니까? 그 분들도 나름대로 최선을 다 하셨습니다"

전팀장이 많이 뒤틀렸던 모양이다. 자기를 구해주러 온 어른에게 감히 이런 말을 할 수 있다니. 일의 얘기가 아니라 인격의 문제를 거론하는 것이다. 나라도 나서서 화제를 돌릴까 고민되었다.

"음… 그 확장 ERP 말씀하신 분 얘기이신 모양이죠?"

"예 그 분은 저희 후배들이 존경하는 분입니다."

"먼저 관계의 문제는 조금 뒤로 하고, 일의 문제로 풀어보면 어떨까요? 일의 문제가 해결되지 않은 상황에서 관계를 논하면 감정적으로까지 흐르게 되니까요."

"그러면 교수님께서는 이 상황에서 확장 ERP를 대안으로 제시한 것이 웃음거리라고 생각하십니까? ERP를 셋업하기 어려운 점 중에서 계획의 신속성과 정확성 문제가 있었습니다. 물론 이는 기초 데이터와도 연계가 됩니다. 좀더 빠르고, 좀더 현실적인 스케줄링 알고리즘이 필요한데, 확장 ERP의 APS(Advanced Planning & Scheduling) 엔진이 이를 해결해 줄 수 있다고 봅니다."

전팀장은 논리적이었다. 이 분야에 상당한 지식을 가지고 있었다. 그 동안 내가 배웠던 ERP의 문제점과 이의 극복 방안에 대해 차근차근 설명하고 있었다. 나도 이렇게 알고 있는데 윤교수 당신 너무 아는 척하지 마세요라고 나무라는 듯하였다.

여전히 윤교수님은 입가에 미소를 머금고 있었다.

"MRP I이 MRP II가 되는 과정을 보면 분명한 개념의 확장이 있었고 발전이었습니다. 이것이 ERP로 발달하는 데도 많은 기술의 발달이 있었습니다. 그러나 기본 로직에는 여전히 변함이 없다는 데에 전팀장님은 동의 하십니까?"

MRP는 자재소요계획인 MRP I(Material Requirements Planning)과 생산자원계획인 MRP II(Manufacturing Resource Planning)를 말하는데, MRP 이후에 그 적용 범위가 확대된 개념과 정보시스템을 통한 ERP가 등장하게 되었다. 이러한 ERP의 발전배경은 전팀장도 잘 알고 있는 것 같았다.

"예 MRPI이 클로즈드 룹 MRP로 개념이 확장되는 데는 능력 계획의 개념이 추가 되었고, 이가 MRP II, ERP로 발전하면서 범위를 넓혀 갔죠. 그러나 여전히 핵심은 MRP의 소요량 전개 방식임에 동의합니다"

전팀장은 지식적으로도 지지 않겠다는 생각인지 윤교수님이 언급하지 않은 부분까지 설명해 가며 대답했다. '나도 그 정도는 안다. 나도 전문가라면 전문가다.'라고 시위를 하는 것 같았다.

"MRP의 소요량 전개 방식이 여전히 핵심으로 있는데 구태여 이름을 바꾼 이유가 혹 영업적인 측면도 있지 않았나 생각해 보지 않았습니까? MRP I이나 클로즈드 룹 MRP나 MRP II까지… ERP도 한 때는 MRP III라는 이름도 검토되었겠죠. 그냥 MRP라 불러도 될걸 왜 그랬을까요?
현재 ERP를 사용하는 회사 중에서 능력 소요계획 즉 CRP(Capacity Requirement Planning)를 수행하는 회사는 몇 %나 될 것으로 보십니까?"

"CRP는 현실적으로 구현하기 어려워요. 그래서 APS 엔진을 사용하죠"

"그렇다면 ERP를 사용한다 하면서도 실상은 MRP II도 아닌 MRP I을 사용하는 것 아닐까요?

APS는 그냥 돌아 갑니까? 더욱 정교한 일정을 얻기 위해서는 더욱 정교한 data가 필요합니다. MRP 요구 data도 못 맞추면서 확장 ERP data를 맞춘 다구요?"

"…."

"이런 생각 해 보셨어요?
MRP를 구축하는데 잘 되지 않았어요. 문제는 대부분 최고 경영층의 참여가 없다는 것이 첫 번째이죠. 그래서 최고 경영층의 참여를 호소하며 한편으로는 잘 되지 않는 변명거리로 삼으며 두어 달을 벌죠. 다음엔 현업이 기초 데이터를 맞춰주지 못해 애를 먹습니다. 이도 두어 달 벌어주는 변명 거리 입니다. 생산 계획이 너무 자주 바뀌어서 따라 갈 수 없는 등등 다양한 이유를 늘어놓을 수 있죠. 교육문제까지 다 거론하고 나면 다음으로 내 놓을 수 있는 카드가 뭘까요?

'지금 추진하는 MRP는 사실 MRP I입니다. MRP I은 이제 한계에 왔고, MRP II를 하셔야 목표하는 성과를 얻을 수 있습니다' 그러자면 몇 억원을 더 투자해 주십시오. 프로젝트 팀도 다시 구성해서 새롭게 시작해야 합니다'라고 말하진 않을까요?

대안을 찾지 못한 경영자는 새로운 시도를 하겠죠. 그러면 MRP II 프로젝트 역시 처음에는 잘 진행될 것입니다. 물론 진행이 잘 되지 않아도 시간이 있기에 문제화되지 않죠. 그러나 끝부분에 가면 똑같이 어려운 상황이 옵니다.
그러면 다음은 ERP를 애기하고, 그 다음은 확장 ERP를 애기 해야죠. 그 다음도 무궁무진합니다.

이렇게 뒤집어 생각해 보는 것도 가능하지 않을까요?"

"너무 심한 비약인 것 같습니다"

"인정합니다.

그러나 이런 면이 없다고 말할 수는 없습니다. 적어도 제 자신은 유행과 겉멋만 쫓았던 시절이 있었습니다. 후배들을 잘못 가르친 면도 많았고요. 좀 전에 확장 ERP에 대해 빈정거린 표현은 그 분이 아니라 과거 저 자신의 모습에 대한 것이었습니다."

"… …"

"이런 문제와 직접 관련이 있건 없건 컨설턴트라면 자기 반성을 해야 합니다. 이미 선배 컨설턴트가 대표하여 실수를 하였기 때문입니다."

윤교수님의 의미심장한 말에 전팀장은 침묵으로 일관하였다. 대 선배의 솔직한 자기 반성에 전팀장도 느끼는 바가 있는 모양이었다. 학습 속도가 빠르다더니 역시 윤교수의 말귀를 빨리 알아들었다.

"저는 다행이 '사실 나의 실력이 없었습니다' '리더십의 부족이었습니다'라고 솔직히 시인할 수 있는 용기를 배울 기회가 있었습니다. 제 자신에게는 축복이었죠. 철저한 자기 반성 위에 오늘의 제가 있었습니다."

"교수님 죄송합니다. 저희 설원전자의 ERP 실패도 사실 제 실력이 없었기 때문이었습니다. 제가 가진 지식이면 충분하다 생각했었는데, ERP 구축은 지식 이상이란 것을 알았습니다. 너무도 준비가 부족했었음을 고백합니다"

"감사합니다. 이제 처음부터 다시 짚어 보도록 합시다. 자료를 한 번 검토해 볼까요?"

윤교수님은 기획 단계의 리포트부터 두툼한 자료들을 들춰보기 시작했다. 그리고 교육과 진행과정의 사용자 참여도, 교육 강사 등에 대해 물어보기도 했으며, 그 때마다 전팀장은 어떻게 그렇게 본 것처럼 잘 아느냐며 감탄하고 설명하길 계속했다… 녹음기를 가져오지 않은 것이 후회되었다.

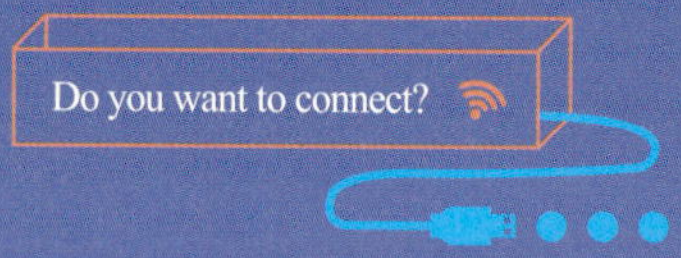
Do you want to connect?

09 Cloud ERP
ERP 기능

우리가 전산실에서 개략적인 자료 검토를 마치고 회의실로 갔을 때, 작은 아버지 외에도 오전에 참가했던 팀장들 몇 사람이 더 모여 있었다. 작은 아버지께서 윤교수께 좋은 인상을 받아 다른 사람들을 모아 놓고 여러 가지 기대들을 주문하시는 것 같았다.

작은아버지는 윤교수님의 회의 주재를 부탁했고, 윤교수님은 좌중을 훑어보며 자신의 ERP론, 특히 제조 중심의 ERP론을 설파하기 시작했다.

"성공하는 기업이 모든 것을 쓸어가는 적자생존(Winner takes all)의 시대에 우리는 살고 있습니다. 남북전쟁 당시 미국의 농업인구가 80%였습니다. 현재는 2.1%로 줄어들었는데 생산성은 엄청나게 향상되어 미국뿐만 아니라 전 세계 곡물의 절반 가까이를 생산하고 있습니다. 제조업도 마찬가지로 인구는 줄어들지만 생산성이 올라 더 많이 생산하는 방향으로 발전될 것이라 누구나 생각하고 있습니다. 우리나라도 마찬가지입니다.

어떻게 이런 획기적인 생산성 향상이 가능한가?

이의 해법을 찾지 못한 분들은 제조업을 버리고 서비스 업으로 가자고 합니다. 그러나 제조업은 그 동안 우리나라 경제 발전을 주도해 왔고, 앞으로도 그럴 것이기에 반드시 필요합니다.

영국의 경우는 높은 임금을 감당할 수 없어 일찍 제조업을 버렸었습니다. 결과 현재는 후회하고 있습니다. 서비스업이나 기술료만으로는 영국 인구를 먹여 살리기 어렵다는 결론에 도달했고, 오래 전부터 외국의 제조 기업을 자국으로 유치하고 있습니다.

이 사실을 파악한 선진국에서도 제조업의 발전을 위해 다양한 활동을 하고 있습니다. 우리 기업도 IMF라는 혹독한 시련을 거치면서 제조 경쟁력의 중요성을 체험했습니다만 현재는 잊혀져 가고 있는 것 아닌지 걱정됩니다. 우리 5000만 인구가 아니 남북한 합하여 8000만 인구가 무엇을 해서 먹고 살 것인가? 그 답은 제조업에서 찾을 수 밖에 없습니다.

정리해 보겠습니다.
제조 인구는 줄이고 생산량을 높이는 것이 어떻게 가능한가? 방법은 있습니다.
그 해법은 원칙으로 돌아가는 것입니다.

이는 PDCQD를 기본으로 합니다.
부연 설명을 드리면 좋은 제품인 P(Product)를 개발 즉 D(Develop) 함에 있어, 적은 비용 C(Cost)로 , 고객이 기대 혹은 기대 이상의 Q(Quality)을 달성하여, 고객에게 전달 D(Deliver)하는 것입니다.
물론 쉽지 않은 과제이죠.
얽히고 설켜있는 조건의 고리들… 그 고리들 사이에서 최선의 판단과 조치를 내린다는 것은 참으로 복잡한 문제입니다.

잠시 화제를 돌려 제약이론을 개발한 골드랫 박사의 소설에 나오는 이야기를 하나 해볼까 합니다.

아버지와 딸은 행복한 가정을 원하고 있습니다. 반면 딸은 친구들에게 인정받기 위해 파티가 끝날 때까지 있다가 12시 넘어서 오고 싶고, 아버지는 딸의 안전을 위해 10시 전에는 집에 돌아왔으면 좋겠다고 합니다.

이를 그림으로 그려보면 다음과 같습니다.

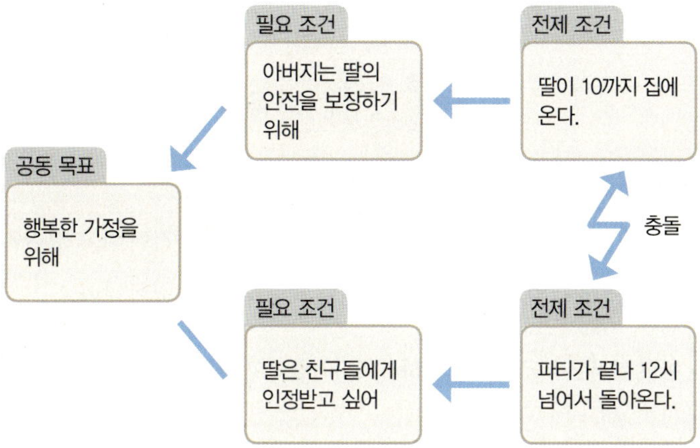

아버지로서… 아 저기 어머니도 계시네요… 부모로서 여러분들은 어떤 판단을 하시겠습니까? 어떤 강성 아버지는 딸에게 양보해서는 안 된다고 합니다. 아버지 학교에 갈 필요가 있는 분이죠. 아니면 가족으로부터 왕따 될 것을 각오하던지…

어떤 어머니는 아빠가 조금 양보하고, 딸도 양보해서 11시 정도로 귀가 시간을 정하자고 말씀하십니다. 그런데 생각해 봅시다. 아버지가 백 번 양보해서 11시 59분까지 들어오라고 타협안을 제시 하더라도, 딸의 입장에서는 파티가 끝나기 전에 먼저 나온 다는 것은 "오빠들 나는 아직 어린애예요"라고 말하는 것이기에 10시에 오나 11시에 오나 끝나기 전에 나오는 것은 마찬가지가 됩니다.

여기서 타협이 아닌 타결책을 만들기 위해서는
딸이 10시까지 집에 와야만 딸의 안전을 보장할 수 있다는 가정을 깨는 방법을 택합니다.

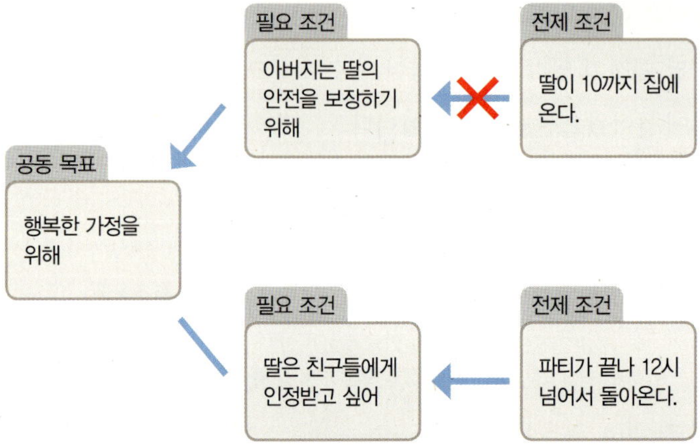

그래서 아버지는 딸의 파티가 끝나는 12시쯤 파티장에서 기다리고 있다가, 파티가 끝나면 딸을 데려 오도록 약속함으로써 두 사람의 문제를 해결합니다.

이러한 사고 프로세스는 우리가 일하는 곳곳에서 필요합니다.

다음은 한 기업의 고용주인 임원과 고용인인 직원들 사이의 갈등을 표현하고 있습니다.

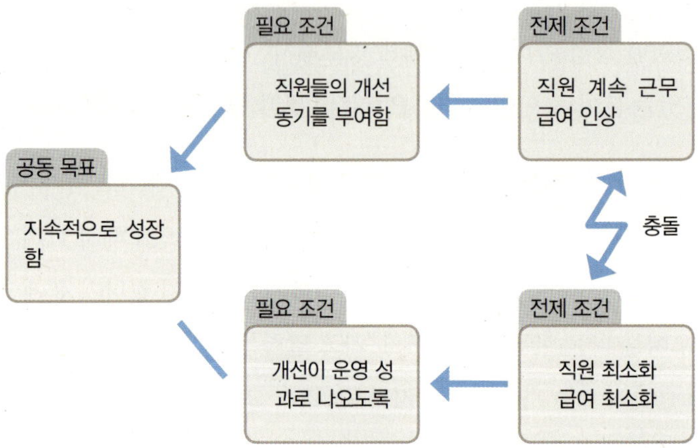

임원이든 직원이든 회사를 지속적으로 성장시켜야 한다는 공동 목표를 가지고 있습니다.

경쟁력 있는 회사가 되기 위해서는 직원들이 지속적으로 일을 개선하여 더 많은 이익을 내야 합니다. 이를 위해서는 직원들에게 개선 동기를 부여해야 합니다. 직원들은 계속 근무하면서 직업의 안정을 찾을 뿐만 아니라, 자신의 성과에 대해 보상을 받아야 합니다. 급여를 인상해야 하는 것이죠.

임원의 입장에서는 직원들의 개선 결과가 운영의 성과 즉 원가의 절감으로 나타나야 합니다. 8시간에 하던 일을 4시간으로 개선하기만 한다면 일이 편해졌을 뿐입니다. 인력이 줄어야 합니다. 아니면 일이 편해 졌으니 임금이 줄어야죠.

이러한 갈등을 어떻게 해결해야 할까?
물론 정답이 있는 것은 아니지만, 임금을 높이자 낮추자… 식의 타협을 한다는 것은 매년 같은 문제를 반복하는 것입니다.
회사 경영 상황이 좋으면 좋아서 걱정, 나쁘면 나빠서 걱정이 됩니다.

아버지와 딸의 갈등을 해결하는 사고 프로세스로 타협이 아닌 타결책이 필요하죠. 다시 말해 임금을 높이고, 고용을 보장한다는 전제조건에 의해 개선의 동기가 유발될 수 있다는 필요조건의 가정을 끊어 주든지, 아니면 직원을 최소화하고, 임금을 줄여야만 개선의 결과가 운영에 반영된다는 가정을 끊어 줌으로써 타협이 아닌 타결점을 찾아야 한다는 것입니다.

다음 그림을 한 번 보실까요?

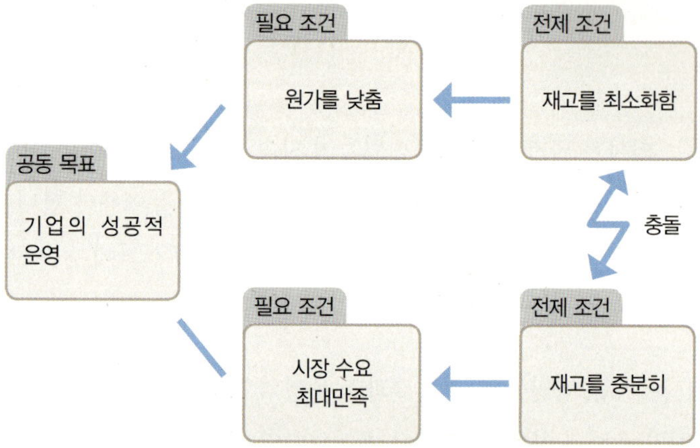

이는 영업부서와 관리부서의 갈등들일 수 있습니다.

두 부서의 공동 목표는 기업의 성공적 운영 즉 많은 이익을 창출해야 한다는 것입니다. 이를 위해 영업에서는 시장 수요를 최대한 만족시켜 매출을 올려야 할 것입니다. 그러자면 고객이 필요한 때에 필요한 제품이 필요한 만큼 있어야 합니다. 고객의 마음에 드는 다양한 재고가 있어야 합니다. 또 충분히 있어야 합니다.

관리의 입장에서는 운영비용을 최소화 해야 합니다. 즉 재고를 최소화 해야 한다는 것이죠.

그러자면 두 부서에서 타협안이 만들어집니다. 적정 재고는 얼마인가?
확률을 따져서 적정한 1회 주문 수량을 계산하고, 안전재고를 계산해 냅니다.

그러나 근본적인 문제의 해결은 사고 프로세스에 의해 전제조건과 필요조건 사이의 관계를 끊어주는 것입니다.

기업에서는 이 외에도 무수한 갈등이 있습니다.

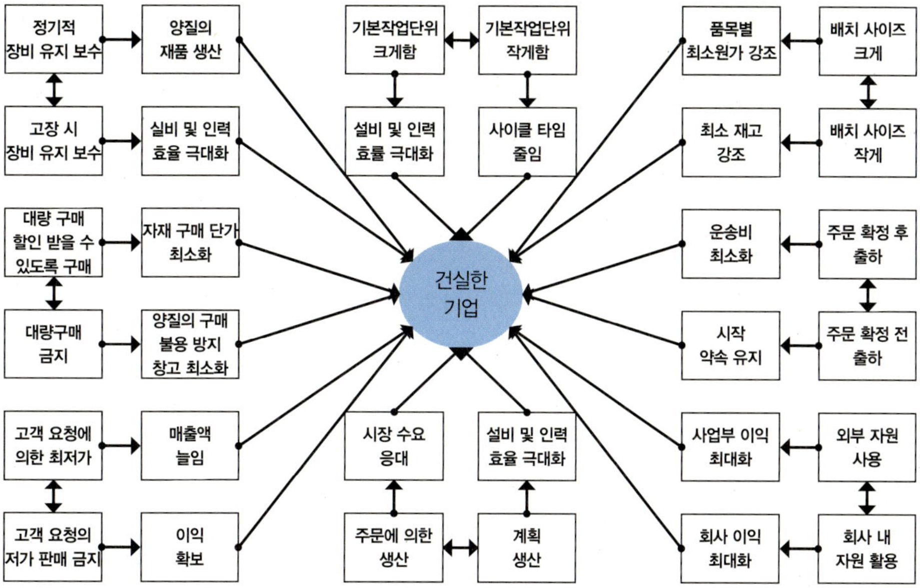

그리고 모든 임직원은 각자의 위치에서 노력하고 있습니다. 한 부서에서 한 문제에 대해 아래의 전제조건과 필요조건의 고리를 끊어 타결했습니다. 타협이 아닌 타결의 방식을 택했다는 점에서 높이 평가 받을 일입니다. 다른 부서에서는 또 다른 문제에 대해 위의 고리를 끊었습니다. 역시 훌륭히 자신의 업무를 수행했습니다.

그런데 이 고리들이 상호 영향을 주는 것이어서 두 부서는 모두 아래의 고리를 끊던지 위의 고리를 끊어야만 하는 상황이었다면… 어떤 결과가 나올까요?

이 기업의 배가 산으로 올라가지 않기 위해서는 정보화, 지능화가 필요합니다. 그래서 각 직원들은 각자의 위치에서 회사가 지향하는 방향을 알 수 있어야 합니다. 지능화된 시스템을 통해 나침반을 확보해야 하는 것입니다.

또한 경영자는 독수리가 하늘을 날면서 땅의 먹이를 찾는 것 같이 회사 전체를 한 눈에 볼 수 있는 독수리의 눈을 가져야 합니다.

그리고 계획 및 예측, 생산 조달, 상거래에 있어 기업간 협력이 필요합니다.

세계를 선도하는 많은 기업들이 이 지능화된 시스템으로 ERP를 택했습니다. 한국의 우량 기업들 역시 ERP를 구축하고, 협력업체들에게 ERP를 권유하고 있으며, 정부에서도 중소기업의 ERP 사업을 지원해 왔습니다.

이 시대에 신기술이란 새로운 기술을 개발한다는 개념보다 기존의 기술에 IT를 접목한다는 의미를 가집니다. 국제적으로 제조업의 핵심 변화는 제조업에 IT를 부가한 2.5차 산업의 대두입니다. 즉 제조업과 정보산업의 혼합체제가 출현한 것입니다. ERP를 활용한 확장된 제조 네트워크으로 시간, 공간, 국경이 사라지게 되었습니다.

기업을 혁신하는데 정보화 기술을 활용하겠다는 여러분의 의지가 7천만 인구를 먹여 살리기 위한 제조업을 살릴 수 있습니다.
지금이 기회라고 생각합니다.

자 그러면 어떻게 ERP를 성공 시킬 것인가?
제가 정리해 놓은 몇 가지 가이드라인과 설원전자의 경험을 비교해 보도록 합시다."

20여분의 서론을 마친 윤교수님은 작은 아버지를 향해 성공한 ERP 프로젝트에서 적용했던 10가지 전략에 대해 하나씩 검토해 보자는 제의를 했다. 그러나 작은아버지는 먼저 ERP에 대해 정리하고 싶으신 모양이다. 그 동안 ERP가 왜 중요하다, 왜 어렵다 등은 무수히 들었지만, 막상 ERP가 어떻게 구성되어 있는가에 대해서는 그냥 전사의 모든 자원을 관리할 수 있는 모듈로 되어있다 정도만 알고 계셨던 것이다.

"예 그러면 저희 학생들이 오늘 밥값을 하는 의미에서 ERP를 구성하고 있는 모듈들에 대해 설명을 드리겠습니다"

아니 갑작스런 날벼락이… 윤교수님은 학생들의 당황한 모습들을 즐기면서 칠판에 모듈 이름들을 적기 시작했다. 우리가 준비할 시간을 주는 것이다.

영업 및 유통(Sales and Distribution)
물자 관리(Material Management)
재무 회계(Financial Accounting)
관리 회계(Cost Accounting)
생산 계획(Production Planning)
품질 관리(Quality Management)
공장 설비 관리(Plant Maintenance)
인적자원 관리(Human Resources)
자산 관리(Asset Management)

"자 누가 영업 및 유통에 대해 설명해 볼까? 오늘 우리에게 이 자리를 소개해 준 설기원 회장이 해 보실까?"

나는 순간 얼굴이 벌겋게 달아오름을 느꼈다.
교수님께는 한두 번 당한 게 아닌데 왜 이렇게 떨릴까? 작은 아버지 앞이어서 그런가?
내가 첫 말을 시작하지 못하자 교수님께서 운을 띄워주셨다.

"경영은 종합 예술입니다.
사람의 인체처럼 요소요소가 이루어져야 합니다.
제가 적은 모듈의 이름은 ERP 패키지 S/W에 따라 다소 차이가 있습니다만, 기능은 비슷하다고 보셔도 무방할 것입니다. 그리고 설기원군이 설명할 영업 및 유통은 고객과 직접 접촉하는 모듈에 해당되므로 고객 위주의 빠르고 유연한 기능들이 필요할 것입니다"

"교수님 그 보다도 봄인지 밤인지에 대해서 먼저 알고 싶습니다 적어 놓으신 리스트에는 없는데, ERP 얘기하면 나에게 첫 걸림이 비오엠(BOM)이었어요. 발음도 하나로 통일하지, 뭐 어떤 친구는 봄이라 하고 저 전실장은 밤이라 하더라고요. 밤인지 폭탄인지?"

"하하 밤낮이 밤이 아니라 폭탄 밤입니까? 발음상의 문제인데 봄으로 들릴 때도 있고 밤으로 들릴 때도 있습니다. 저는 발음이 정확하지 않아 그냥 비오엠이라 합니다. 봄, 여름, 가을 얘기는 많이 들었든데 설원전자는 좀 과격하군요. 폭탄이라니"

윤교수님은 보드에 그림을 그리기 시작했다

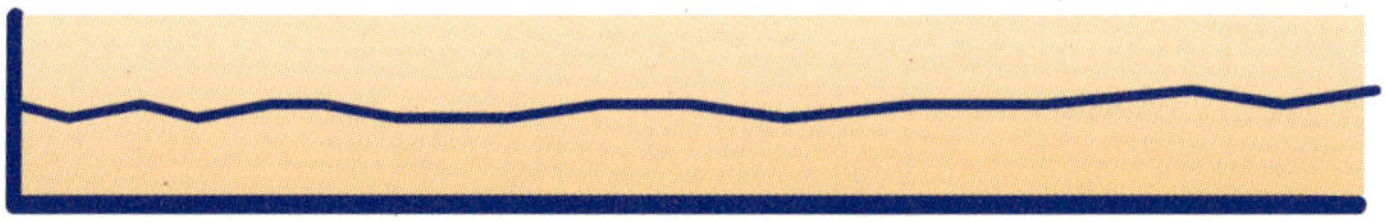

"이 그래프는 이어폰의 시장 수요 그래프입니다. 컴퓨터업체로부터 대량 주문을 받는 일이 아니 라면 매일매일 시장에서 팔리는 양이 비슷할 것으로 생각됩니다. 물론 주말과 주중이 다를 수 있지만 어느 정도의 범위 내에서 왔다갔다할 것입니다. 에어컨이나 냉장고 같이 여름하고 겨울 차이가 많은 계절성 품목도 있겠고, 패션이나 기호품은 갑자기 많이 팔리다 없어져버리는 것도 있겠지만 대부분의 제품은 일정 기간 동안 꾸준하게 팔린다고 볼 수 있습니다.

수요가 꾸준하기 때문에 창고에 제품을 일정량 쌓아두고 조금씩 판매하다가 다 떨어지기 전에 보충해야 하는데 이를 재발주점, 즉 Re-Order Point라고 합니다. 이 재발주점은 주문 기간 동안 사용될만큼 남겨둔 시점입니다.

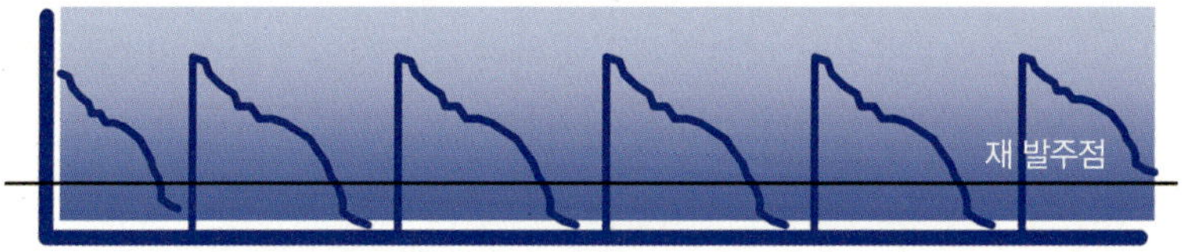

이 논리가 잘못되었다고 말하는 이는 거의 없습니다. 물론 주문하고 나서 갑자기 소비되면 결품이 생기니 안전재고를 얼마나 가져갈까 하는 문제는 있습니다. 또한 주문량이 적당한지 아닌지의 문제는 있지만 이 방식에 대해서는 지금까지 많이 사용되어 왔고 앞으로도 많이 사용될 방식입니다.

시장에서 판매되는 제품은 꾸준히 팔리지만 제품을 만들기 위해 필요한 부품의 소비는 어떨까? 이어폰이 시장에서 100개 팔렸다면 귀를 보호하는 스폰지도 200개 필요할까? 자동차가 시장에서 1대 팔리면 자동차 핸들도 1개 소비될까? 바퀴도 5개 필요할까? 그래서 자동차가 10대 팔리면 바퀴가 50개 필요한 것일까? 이런 생각을 해볼 수 있습니다.

잘 생각해 보시죠. 자동차가 1대 팔리면 만들어 놓았던 자동차 1대를 내어주지만, 그렇다고 창고에 있는 바퀴 5대도 내어줄 필요가 있겠습니까? 다시 말해 자동차에 부착된 바퀴는 자동차의 일부로 수요가 발생하는 것이지 바퀴 자체의 수요는 없다는 것입니다.

아래 그래프가 이어폰의 부품이나 자동차 바퀴의 소비 패턴입니다.

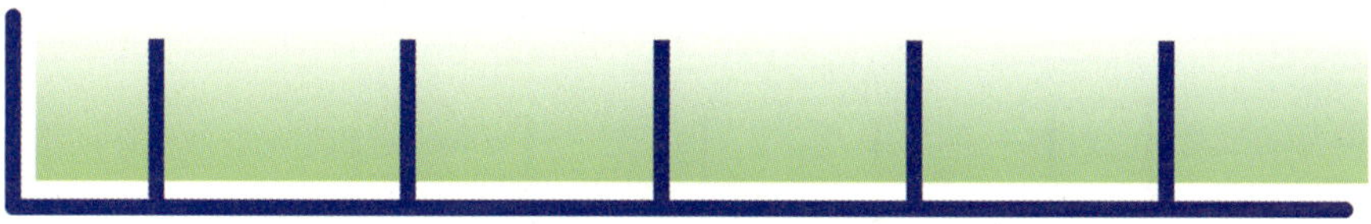

제품의 소비가 꾸준하고 지속적이었던 패턴이었는데, 부품은 상당한 차이가 있죠. 부품 소비의 형태는 평소에 전혀 없다가 완제품의 생산 지시가 있을 때 갑자기 발생하는 형태를 취하는 것입니다 이를 기존의 ROP 방식으로 관리한다면 재고는 다음과 같은 그림이 됩니다.

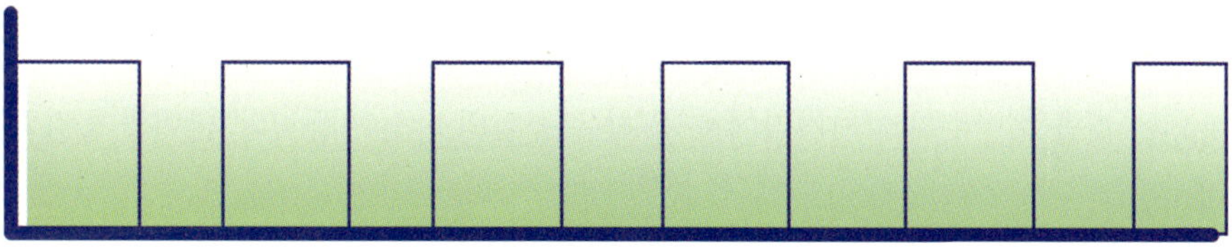

먼저 창고에 적정량을 준비해 놓을 것입니다. 그리고 소비가 없으니 창고에 그대로 쌓여 있다가 완제품 생산 지시가 떨어지면 갑자기 대량 소비가 발생해서 창고는 바닥날

것입니다. 담당자는 부랴부랴 부품을 준비해 놓겠지요. 부품을 준비하기 전에 소요가 발생하면 큰일입니다.

그런데 급하게 준비했던 부품은 오랫동안 소비되지 않습니다. 그러다 갑자기 창고를 비우게 하는 소비가 발생합니다. 재고를 소비량의 두 배쯤 쌓아 놓으면 모를까 부품 관리자는 항상 긴장해야 할 것입니다.

이 그래프를 발견하기까지는 꽤 오랜 시간이 걸렸습니다. 물론 당시에 재고를 줄여야 한다는 생각보다 확보해야 한다는 생각이 더 많았으니까 그럴 법도 하지만 관리 마인드가 있는 사람이라면 이 그래프를 보고 '내가 왜 창고가 바닥나자 마자 주문해야 하는 거지'라는 생각이 들 것입니다. 처음부터 준비해서 창고에 쌓아 놓을 것이 아니라 필요한 때에 만들어서 바로 사용되는 곳으로 주면 어떨까 하는 생각을 하게 됩니다.

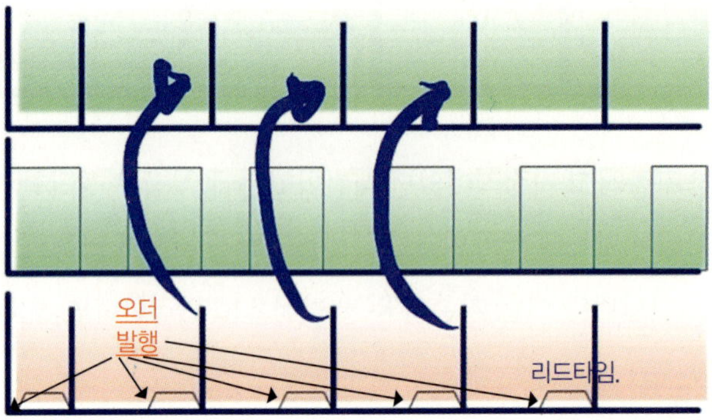

윤교수님이 마지막 그림을 그리면서 화살표를 그리며 필요한 때에 준비했다가 곧바로 사용되는 것을 보여주자 여기저기에서 '음'하는 공감의 탄성이 들렸다. 많이들 공감하는 모양이었다.

"이렇게 즉시 사용할 수 있게 준비하려면 이 부품이 사용될 제품이 언제 얼마만큼 필요한지를 알아야 합니다. 이를 주 생산 일정, 영어로는 MPS(Master Production Schedule)라 하죠.

다음으로는 제품을 하나 만들기 위해 어떤 부품이 몇 개나 필요로 하는지를 알아야 할 것입니다. 이 제품과 부품의 관계를 제품구조(Product Structure)라 하고 상위 품목을 조립 혹은 가공하는데 필요한 수량을 QPA(Quantity Per Assembly)라고 합니다. 다시 말해 자동차 1대 만드는 데 바퀴 5개가 필요하다는 말입니다. 이 내용이 비오엠(BOM)에 들어 있습니다.

또 제품을 만들려면 얼마나 시간이 걸리는 지도 알아야 그 직전에 부품을 준비할 수 있을 것이고 부품 역시도 준비하는 데 얼마나 시간이 걸리는지 알아야 미리 주문을 낼 수 있을 것입니다. 이를 소요기간 혹은 리드타임(Lead Time)이라 하는데 이 역시 BOM이 가지고 있습니다. 뿐만 아니라 제품에 관계된 모든 정보를 이 BOM이 가지고 있습니다. 보통 품목 마스트 DB와 제품 구조 DB를 근간으 로 만들어지죠.

BOM 얘기가 나오면 표현 문제, 사용자 문제, 책임 문제, 정확도 문제 등 다루어야 할 것이 많습니다. 이는 다음에 별도의 시간을 내서 토의를 했으면 합니다. 설사장님, 질문에 답변이 되었나요?"

"감사합니다. 이 외에도 더 공부해야 할 것이 많다니 두렵습니다만 제가 궁금했던 점은 잘 정리가 되었습니다."

"그럼 다시 모듈로 돌아가겠습니다."

교수님이 내게 이어서 하라는 눈짓을 하셨고 난 그동안 머리 속으로 준비한 설명을 시작했다.

"먼저 마케팅(Marketing)이란 용어부터 시작하고 싶습니다.
이는 영업, 판매보다 훨씬 많은 기능을 포함하여 우리말로 적합한 단어가 상술인데…
이미지가 나빠 그냥 마케팅이라고 사용하고 있습니다.

모든 사고는 마케팅 중심으로 가야 하듯이 모든 시스템은 마케팅을 잘 지원할 수 있어야 합니다. 사장을 비롯한 모든 조직원이 장사꾼, 좋은 의미의 장사꾼이어야 하듯이 모든 시스템이 영업 지원 시스템이라 해도 문제가 없다고 봅니다.

이 중 영업과 유통으로 분류되는 모듈의 기능 중 먼저 예측(Forecasting) 시스템을 들 수 있습니다.

예측에는 몇 가지 문제점이 있습니다.
이를 우리는 예측의 원칙이라고 하는데, 첫째, 예측은 거의 매번 맞지 않는다는 것입니다. 따라서 오차의 범위를 함께 표기해 주어야 합니다. 여론조사나 선거 예측 방송을 통해 많이 익숙하리라 생각합니다.

두 번째는 좁은 범위를 예측하면 잘 맞지 않고 넓은 범위를 예측하면 비교적 정확하다는 것입니다. 세 번째, 네 번째도 필요하고 구체적인 예측은 잘 맞지 않는다는 공통점을 가지고 있습니다.

그러면 이렇게 맞지 않는 예측을 왜 하는가 하는 문제를 제기할 수 있습니다만 예측은 계획의 시작이기에 반드시 필요한 것입니다.
이 예측에서 시작된 영업 및 생산계획이 춤추기 시작하면 하위의 모든 활동들이 운영될 수 없기에 중요합니다.

이 예측 모듈은 ERP에는 단순히 입력만 하도록 되어 있는 것이 대부분입니다. 예측 기법이나 데이터 필터링 등은 전문 S/W나 SCM 패키지에서 제공합니다.

유통은 기본적으로 DRP(Distribution Resources Planning)에 근거한 유통계획이 수립되어야 합니다. MRP가 제품을 만드는 과정을 계획한다면 DRP는 만들어진 제품을 고객에게 전달되는 과정을 계획하는 것입니다.

고객에 대해서는 보유 재고나 향후 생산 계획을 기준으로 납기 약속을 해 줄 수 있어야 합니다. 이를 ATP(Available To Promise)라고 합니다.

생산 능력을 고려하여 납기를 약속해 주는 CTP(Capacity To Promise)나 주요 고객의 예상 주문을 별도로 할당해 놓는 AATP(Allocated ATP)는 SCM을 활용해야 할 것입니다. 그러나 ERP는 위의 모듈들을 활용할 수 있는 기반 데이터를 지원합니다. 예측을 위한 이력 데이터를 보관하고 있으며, 유통계획이나 실시간 납기 약속에 필요한 재고와 생산 진행 데이터를 보관하고 있습니다.

ERP가 지원하는 영업 기능은 주문처리 기능입니다. 주문을 받아 전달하는 과정과 이때 발생하는 회계전표의 발행, 판매 및 가격 정책, 그리고 고객의 신용도 등 거래선 관리에 대한 전반을 지원합니다."

발표를 마치며 식은 땀이 흐름을 느꼈다. 평소에 기습적으로 발표하는 것이 훈련되어 있는 편인데다, 메모할 시간도 비교적 길어서 윤교수님과 작은 아버지 체면은 세워준 것 같다. 두셋이 수군 거리는 모습은 마치 '저 친구가 설 사장 조카래'하는 것으로 들렸다. 시선의 따가움을 느끼며 앉자 윤교수님이 바톤을 이어 받았다.

"기원군 수고했어. 들으신 바와 같이 영업 및 유통관리는 고객과 생산의 중간에 있는 샌드위치 시스템입니다. 고객의 입장에서는 유연하지 못하고, 생산의 입장에서는 너무 변동이 심한 시스템이죠. 영업하시는 분들도 마찬가지의 입장에서 일하실 것입니다. 이 시스템의 성패가 ERP의 성패를 좌우할 경우가 많습니다.

DRP나 ATP의 로직, 그리고 예측 정확도를 높이기 위한 방안들은 많이 연구되어 있습니다. 물론 만족한 것은 없습니다만 타사의 사례나 연구를 보시면 더 도움이 될 것입니다.

다음 물자 관리(Material Management)는 주 찬미 설명해 주시지…

물자관리는 재고관리, 창고관리, 그리고 구매관리의 기능을 말합니다. 전통적으로는 자재 수불표를 만들 수 있는 시스템이었죠."

"4M, 즉 사람(Man), 기계(Machine), 자재(Material), 방법론(Method) 모두 중요하겠지만 이중 자재(Material)의 관리의 중요성에 대해 말씀 드리겠습니다.

기업의 기능 부서를 인체에 비교할 때, 영업이 사람의 머리이고, 생산이 사람의 심장이라면, 자재는 사람의 피라고 합니다. 피가 흘러야만 생명이 유지되듯이 자재도 고여 있으면 부채가 됩니다. 흘러갈 때 돈이 되며 가치가 더해집니다.

원자재가 들어와서 반제품 완제품이 되면서 가공비가 더해집니다. 그리고 최종적으로는 매출로 인식되면서 제품 재고가 줄어듭니다. 피의 흐름이 좋은 사람이 건강한 사람이듯이 자재의 흐름이 좋아야 건강한 기업이라고 할 수 있습니다.

자재는 두 가지 상반된 요소를 모두 만족시켜야 합니다.
하나는 최소의 재고, 극단적으로는 재고 제로를 달성해야 합니다.

반면 영업에서 판매한 제품이나 생산에 필요한 원재료는 결품이 없어야 합니다.

자재관리를 위해 먼저 품목 마스터가 존재해야 합니다. 각 자재는 유일한 이름을 가져야 합니다. 그리고 다른 시스템에서 필요로 하는 모든 정보를 보유하고 있어야 합니다.

재고가 얼마나 되는 지는 위치별로 파악되어야 합니다. 이는 현 재고뿐만 아니라 이미 주문이 나가서 입고 예정인 재고, 그리고 현재 창고에 있지만 불출을 대기하는 할당된 재고가 동시에 관리되어야 합니다.

자재 소요량 계산 프로그램에 의해 필요한 자재가 계산되면 생산품일 경우 생산 오더, 구매품이면 구매 오더가 발행됩니다. 구매품은 견적의뢰에서부터 입고, 대금지불까지의 절차가 관리되어야 합니다. 협력업체가 재고를 책임지도록 제휴 되어 있다면, 협력사에게 소요 일정을 제공하고, 협력사가 자재를 관리하며, 사용량에 대해 정산하는 VMI(Vendor Managed Inventory) 개념들이 지원되어야 합니다.

이 외에도 재고의 정확도 유지를 위한 사이클 카운팅(Cycle Counting), 오래된 재고에 대해 집중 관리하기 위한 에이징 리포트(Aging Report) 등 다양한 관리 기능이 필요합니다. 대부분의 ERP S/W 패키지들이 제가 말씀드린 필요 기능들을 보유하고 있습니다."

역시 찬미였다. 세 살이나 어리지만 대단한 열성 여성이다. 제 2의 민지우가 될 가능성이 충분하다. 윤교수님도 찬미의 발표가 마음에 드시는지 연방 고개를 끄덕이고 있었고, 다른 팀장들도 놀라는 분위기였다.

"찬미, 수고했어요!

이렇게 자재 관리는 중요하고 방대한 기능을 필요로 합니다. 그런데 자재관리에 대한 연구는 영업이나 생산에 비해 적은 편 아니 없는 편입니다. 서점에 가 보십시오. 생산관리나 마케팅에 관한 책은 줄줄이 꽂혀 있지만 자재관리나 재고관리에 대한 책은 구하기 힘듭니다. 그러나 적정재고를 어떻게 산출할 것인지, 한 번 주문량 즉 랏 사이즈를 어떻게 가져갈 것인지 등등 공부해야 할 사항들이 많습니다.

다음은 재무회계(Financial Accounting)와 관리회계(Cost Accounting) 기능에 대해 소개를 드리도록 하겠습니다. 누가 할까? 오영수군이 재무쪽 공부를 많이 했지?"

"여러 선배님들께 숙제검사 받는 기분으로 말씀 올리겠습니다.

제가 어릴 때에 돈 버는 비결에 대해 저의 할아버지께서 말씀해 주신 게 있습니다. 먼저 명예를 위해 살 것인가? 돈을 벌기 위해 살 것인가를 결정하라고 하셨습니다. 명예를 원한다면 돈을 돌로 보아야 하며, 돈을 벌겠다 하면, 똑똑하면 안 된다고 하셨습니다. 깊은 의미는 잘 모르겠습니다.

말씀드리고자 하는 것은 내 주머니에 돈이 얼마 있는지 파악할 수 있어야 한다고 하셨습니다. 내가 기업의 관리자라면 현황 데이터를 가지고 있어야 하고, 이의 가치에 대해 내가 판단할 수 있어야 한다는 의미로 받아들였습니다. 이를 도와주는 것이 회계라고 생각합니다.

회계는 경영자로 하여금 그가 담당하고 있는 기능적 영역과 각각의 활동을 관리하고, 조직 전체의 관점에서 그러한 활동과 기능을 조정할 수 있도록 도와주는 주요 수단입니다. 이는 경영자의 의사 결정을 위한 일상적인 내부 보고와 비일상적인 내부 보고자료를 제공합니다. 또한 투자자, 정부 당국 및 기타 외부 집단에 대한 조직의 재무상태, 영업 및 관련 활동의 외부보고를 위한 정보를 제공합니다. 전자를 관리회계, 후자를 재무회계라고 합니다.

관리회계(Management Accounting)는 경영자가 조직의 목표를 달성하는데 도움이 되는 재무적, 비 재무적 정보를 측정하고 보고하는 것입니다. 따라서 관리회계는 내부보고에 초점을 두고 있습니다.

재무회계(Financial Accounting)는 외부집단에 대한 보고에 초점을 두고 있습니다. 따라서 기업 거래를 측정하고, 기록하며, 일반적으로 인정되는 회계원칙에 근거한 재무제표를 발행합니다.

관리회계와 재무회계를 위한 정보를 제공하기 위해 원가계산(Cost Accounting)이 필요합니다. 원가계산은 조직이 자원을 취득하고 소비하는 것과 관련된 재무적, 비재무적 정보를 측정하고 보고합니다.

ERP에서는 돈과 관련된 물자의 이동이나 트란젝션이 발생할 때마다 회계 시스템에서 필요정보를 수집합니다. 이를 위해 모든 시스템은 회계시스템과 연결되어 있고, 이로 인해 돈의 흐름을 한 눈에 파악할 수 있습니다."

영수도 제법 막힘 없이 발표를 했다. 작년만 해도 어리버리 하던 녀석이 ROTC 명예위원이 되더니 발표력이 엄청 좋아졌다. 이 친구 지난해 스터디 그룹에서 발표할 때와는 달리, 마치 취업을 위한 면접시험이라도 보는 듯이 아니면 자대에 배치 받아 신고식이라도 하듯이 멋있게 발표를 하는 것이다. 자랑스런 후배이다.

"원가는 하나님도 모른다는 말을 원가회계 담당자들이 공공연히 말해 왔습니다. 이는 복잡하기 보다 투명하지 못하다는 말을 대변합니다. 이제는 그런 시대가 아니죠. 기업 내부와 주주뿐만 아니라 모든 스테이크홀더들이 투명성을 요구하고 있습니다.

그리고 빠른 회계 처리는 경영자의 빠른 판단을 도와 줍니다.

제가 아는 한 경영자께서는, 그분이 창업주이신데… 매출이 3000억원 정도까지는 모든 현황을 파악할 수 있어서 어디서 돈이 샌다 싶으면 그 곳을 점검했고, 여지 없이 문제의 근원을 찾아 해결했다는 것입니다… 그러나 이를 넘어서니 문제가 얽히고 설켜서 도저히 파악할 수 없었다고 합니다. 그 분은 이 문제를 해결하기 위해 ERP를 도입했고, 현재는 만족하고 계십니다.
ERP는 기업의 활동과 돈의 흐름을 통합시켜 한 눈에 볼 수 있도록 해 줍니다

다음은 생산 계획(Production Planning)을 살펴보도록 하겠습니다. 누구? 음 마스터 플래너가 되고 싶어하는 미소가 발표하지"

"생산은 영업이 팔겠다고 하는 때에 공급하는 것에 대해 이유를 달지 말아야 한다고 배웠습니다. 어떻게 영업의 요구를 맞춰 줄 것인가를 항상 고민해야 합니다. 그래서 영업과 같이 생산계획을 작성합니다.

설원전자는 영업계획과 생산계획이 분리되어 있는지 모르겠지만 현 추세는 영업계획(Sales plan)과 생산계획(Production Plan)을 한꺼번에 수행하는 것입니다, 이를 영업 및 운영계획(Sales & Operation Plan) 영어로 S&OP라고 합니다.

SOP는 MPS라고 하는 주 생산 일정을 통해 구체화되고, 이는 MRP를 통해 생산 오더를 만듭니다. 현장에 배포된 생산 오더는 생산 현장관리 시스템을 통해 데이터가 수집되고 일정이 제어됩니다. 그래서 생산 현장에는 데이터 수집을 쉽게 하기 위해 바코드 스캐너와 같은 자동 데이터 집계 시스템을 설치하고 있습니다.

생산관리는 크게 생산 우선순위를 결정하는 우선순위계획(Priority Plan)과 이 우선 순위가 현실적으로 실현 가능한지 보유하고 있는 자원과 비교하여 문제가 있으면 피드백하는 능력계획(Capacity Plan)이 있습니다."

"생산관리는 어떻게 영업이 요구하는 일정을 맞추면서도 동시에 어떻게 원가를 줄일 것인가 하는 두 가지 문제를 동시에 해결해야 합니다. 그래서 일정 외에도 생산성이나 효율을 관리합니다. 투입보다 성과가 많아야 하기 때문입니다.

특히 현장관리는 현장 작업자를 위한 시스템이어야 합니다. 작업자들이 망치로 일을 한다면, 망치로 데이터를 입력할 수 있도록 편한 시스템을 제공해야 합니다."

"다음은 품질 관리(Quality Management) 시스템을 한 번 볼까요?
품질 시스템은 제조물 책임법의 발효 후에는 더욱 중요한 시스템이 되고 있습니다. 그리고 품질을 높이면 원가가 낮아진다는 원칙이 자리잡고 있습니다.
박성욱군 부탁해요"

품질 관리는 크게 구매품에 대한 품질 검사, 생산품에 대한 품질검사와 불량에 대한 후속관리로 나눌 수 있습니다. 이 품질 검사는 구매품의 경우 수입검사 조건으로, 생산품의 경우 생산 공정의 일부로 검사공정을 포함시키는 것이 일반적입니다.

림스(LIMS : Laboratory Information Management System)라는 실험실 관리 시스템에서는 품질 검사 계획부터 샘플링, 검사 의뢰, 검사, 결과통보, 사후처리 일련의 절차와 이에 필요한 각종 규정과 자료들을 보관 검색할 수 있는 기능을 제공합니다.

조금 전 윤교수께서 말씀 하셨듯이 품질을 높이면 원가를 내릴 수 있다는 원리를 발견하고서는 검사보다 예방의 개념에 관리의 포인터를 두게 됩니다.

품질 비용은 매출액의 15-20%를 차지한다고 보고되어 있습니다. 품질 비용을 예방비용, 평가비용,내부 실패비용 그리고 외부 실패비용으로 나눌 수 있습니다. 이 중 외부 실패비용이 가장 큰 비용이고, 다음이 내부 실패비용 입니다.

평가비용을 아무리 올려도 다시 말해 아무리 많은 검사를 해도 제품 자체의 가치를 더하지 못합니다. 그리고 품질을 올리지 못합니다. 즉 실패비용을 줄이지 못한다는 것입니다.

반면 예방비용을 높이면, 초기에는 큰 효과가 없지만 장기적으로는 실패비용이 획기적으로 줄어들고, 평가 비용도 줄게 됩니다. 이 때 품질을 높이면 원가가 내려간다는 원리가 적용됩니다.

이런 사항을 반영하여 품질 시스템의 이름은 품질관리(Quality Control)로 부터 통계적 품질관리 (Statistical Quality Control), 전사적 품질관리((Total Quality Control)을 거쳐 품질경영이라는 이름으로 바뀌었습니다. 이는 품질과 돈을 연결시킨 개념입니다. 품질 경영을 QM(Quality Management)라 하고 품질 비용에 고객 감동을 포함, 발전시킨 개념을 전사적 품질경영 즉 TQM(Total Quality Management)이라고 했습니다. 품질보증(Quality Assurance)라는 개념이 나왔고, 현 시대에는 6시그마란 이름으로 품질 문화를 정착시키고 있습니다.

고객의 입장에서 중요한 품질 지표를 설정하고, 이의 품질 불량을 인간의 한계수준까지 줄일 수 있도록 획기적인 예방활동을 하는 것이 6 시그마의 핵심이라고 볼 수 있습니다. 이들을 관리할 수 있는 시스템이 품질 시스템입니다."

"역시 반장답군. 박성욱군 수고했어. 사실 그 동안 품질 정보 시스템은 품질 기법의 개념 발달에 비해 크게 발달하지 못했었습니다. 수주 산업이나 첨단 산업을 제외하고는 생산이나 구매 모듈의 일부로, 혹은 전체 시스템의 구색 맞추기로 위치해 있었습니다. 그러나 현재는 제품의 전 생애를 통한 관리의 개념으로 발전하고 있습니다.

공장 설비관리도 품질관리와 같은 발전의 개념에서 보아주시면 될 것 같습니다. 설비나 치공구 자체를 제품으로 보고 이의 품질 보증을 위한 체계들을 시스템화 한다고 보시면 거의 맞을 것입니다.

자산이 만들어 지는 것은 구매나 생산과 동일한 절차를 거칩니다. 위치별 수량이 관리되는 것은 재고관리와 같습니다. 그러나 자산은 부가가치를 만들거나 외부로 팔려나가지 않습니다. 오히려 해가 지날수록 가치가 떨어집니다. 그래서 감가상각과 자산 재평가라는 절차를 거쳐 회계에 반영합니다.

마지막으로 인적자원관리(Human Resources)를 소개하고자 합니다. 최달구군."

달구가 얼굴을 붉히면서 일어났다. 질문이 부담되었다기보다 이름에 대한 콤플렉스 때문이다. 배달 민족을 구하라고 할아버지가 지어 주셨다는 데 할아버지의 의도와는 달리 달구지, 달칠.달팔.달구… 경상도 친구들은 달구새끼(이는 닭의 새끼 즉 병아리를 뜻한다) 식으로 놀림을 받았다고 한다. 이제는 나이도 먹을 만큼 먹었고 콤플렉스에서 벗어날 때도 되었는데, 헛기침을 몇 번이나 하고서야 설명을 시작했다. 빨리 군대를 갔다 와야 대범해질 모양이다…

"기업은 사람이 살릴 수도 있고 또 사람이 죽일 수도 있습니다. 그만큼 사람의 관리는 중요합니다. 이름도 인사관리(Personnel)에서 인력관리(Man Power)를 거쳐 현재의 이름이 인적자원관리(Human Resources Management)로 발전하였습니다.

인사관리에서는 근태관리와 작업 시간관리를 기초로 하여 급여 관리까지 이어졌습니다. 그리고 평가 시스템과 개인 복지에 관련된 시스템이 첨가되었고 인터넷을 통한 채용 시스템도 만들어졌습니다.
그러나 인적자원의 개념에서는 이 보다 경력체계(Career Path) 관리를 더 중요시 합니다. 따라서 자신의 미래를 설계하고, 이에 합당한 단계적 기술과 지식을 축적해 가는 교육체계와 직무 경험이 중시되고 있습니다.

이를 관리하는 시스템이 인적자원관리 시스템입니다."

녀석 간단해서 좋았다.
그러나 핵심이 되는 말은 다 들어 있는 것 같다.
윤교수님의 설명이 이어진다.

"일부 돈 많은 사람들 중에 자기 스스로 자산을 관리하기가 버거운 사람들이 있습니다. 기업도 마찬가지 입니다. 기업자체의 자산만 해도 방대하기 때문에 효율적 관리가 필요한 것이 사실입니다.
개인자산의 경우 은행에 맡겨서 이자를 받는 것 만으로도 자산 증식에 도움이 될 것입니다. 하지만 요즘 같은 저금리 시대에서는 자산을 항목 별로 분리해서 따로 관리를 해야 리스크도 적어지고, 수익률도 높일 수가 있을 것입니다. 기업에 빗대어서 생각해 보시기 바랍니다. 규모면에서 개인과 비교도 되지 않을 기업내부의 잉여 자산을 적절한 곳에 투자하고 그것을 관리하는 행위가 필요하다는 뜻이지요. 이러한 새로운 사업에의 투자 외에도 은행에 저축, 주식, 부동산, 또 세금이나 보험 등 각종 재테크 수단에 소요되는 자산 을 효율적으로 관리해야 할 기능이 필요할 것입니다. 이것이 자산 관리라고 하는 것입니다. ERP 시스템 내에서 이러한 기능을 수행하는 것을 자산관리 시스템이라 합니다.

지금까지 설명드린 모듈들은 설원전자가 ERP를 하기 전에도 일부 모듈들은 개발되어 사용되고 있을 것입니다. 그런데 ERP로 가면 이런 업무들이 통합되어 있습니다. 학생들이 설명한 모듈들과 이 속에 포함된 기능들을 톱니바퀴로 생각하시면 됩니다. 모든 톱니가 물려서 돌아가는 것이 ERP입니다."

견적이 판매로 이어지고 이것이 전달되는 과정에서 조정기능을 할 수 있도록 정보를 묶어줍니다. 너무도 묶여 있어서 한 톱니라도 어긋나면 전체가 돌아가지 않아 실패율이 높았습니다.

즉, ERP를 도입 구현하고자 하나 이를 뒷받침 해 줄 수 있는 데이터, 서식, 서류의 분류 및 분석을 위한 통합 및 표준화에 대한 인식이 부족한 것이 현실입니다.

우선 설원전자의 데이터 및 서식, 이를 취급하는 프로세스에 대한 분석을 하기 위해 많은 자료를 준비해 주어야 하고, 귀찮은 일들을 해 주어야 합니다.
그래서 효과는 둘째 치고 운영에 성공하는 자체만으로도 칭찬 받아야 합니다.
기업 관리를 실시간으로 전달하여 모든 사람이 공유할 수 있다면 얼마나 좋을까요. 그러나 실시간은 목표이지 단숨에 이룰 수 있는 것은 아닙니다. 3년이 걸릴 지 5년이 걸릴 지 모릅니다.
그러나 중요한 것은 충분히 달성할 수 있다는 것입니다."

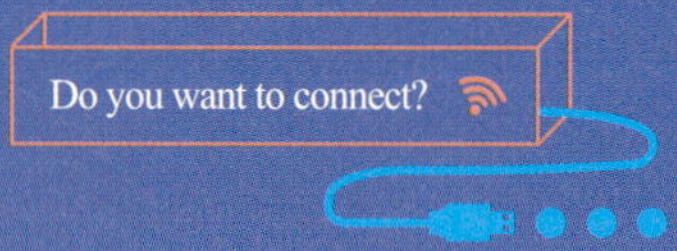
Do you want to connect?

10 Cloud ERP
ERP 프로젝트 십계명

"ERP 구축 성공을 위해 고려해야 할 사항은 각자의 경험에 따라 다양하게 정리되고 있습니다. 제 역시 경험적으로 느낀바 많아 10가지로 정리해 **10계명**이라 부르고 있습니다.

이제 한 항목씩 거론하며 제가 제시하는 가이드라인과 여러분들의 경험을 나누었으면 합니다. 지금까지는 학생들이 일방적으로 발표하였는데, 이제부터는 서로의 경험과 생각을 자유롭게 토의하는 시간이 되었으면 합니다."

제1계명 ERP 추진 목표를 명확히 해야 한다.

"당신이 하는 일이 뭐냐? 하는 질문을 받았을 때, 상대가 이해할 수 있는 수준으로 3분 내에 얘기할 수 있어야 합니다. 이는 자기 작업의 개념을 깨달아야만 할 수 있는 것입니다. 머리로 아는 것은 지식이 아니라고 합니다. ERP를 추진하는 당사자들도 왜 ERP를 추진했는지, 어떻게 하면 목표한 방향으로 갈 수 있는지, 어떤 시기에 어떤 목적을 달성할 것인지를 알아야 할 것입니다. 프로젝트 추진 팀장이셨던 분이 말씀해 주시겠습니까?"

"전산팀장 전희민입니다. 어떻게 답변해야 윤교수님께서 3분 내에 이해하실 수 있을지 당혹스럽습니다. 저는 시대의 흐름을 따랐다고 표현 하고 싶습니다. 기업의 자원을 효율적으로 관리하여 이윤을 추구하기 위한 다양한 기법이 발달되어 왔습니다다만

21세기에 와서도 MRP 보다 더 정확한 것은 없습니다. 그 MRP를 핵심으로 발전시킨 시스템이 ERP입니다. 그리고 ERP만이 우리 회사의 경쟁력을 올려줄 수 있다는 확신에서 시작했습니다.

특히 MRP를 생각해 낸 레이튼 스미스가 이론가나 교수가 아니고 실무자였기에 현실에 가장 적합하다는 확신이 있었습니다"

MRP 하면 조지 퍼셀이나 오리키, 올리브 와이트가 유명하지만 레이튼 스미스를 창시자로 생각하는 사람들이 많다. 그는 GE의 자재관리 실무자 였었다. 당시 리오더 포인트에 의한 자재 발주 방식의 문제점을 깨닫고 BOM을 생각해 냈다고 한다.

그리고 우리가 잘 아는 MRP의 계산 로직을 발전시켰다. BOM과 생산계획과의 관계를 가지고 총 소요량을 만들고, 재고를 감안하여 순 소요량을 만들며, 여기에 주문정책인 랏 사이즈를 감안하여 주문 계획을 만든 다음, 리드타임을 뺀 날짜에 오더를 발행할 수 있도록 하는 절차를 구상했다.
그렇다고 이게 지식일 이유는 없다. 전팀장이 이를 장황하게 늘어놓는 것은 나름대로 핵심을 파악하고 미래를 대비한다는 표현이지만 공감대를 형성하진 못한 것 같았다. 이쯤 생각이 미쳤을 때 윤교수님이 일어섰다.

"예 좋습니다. 경향을 검토하여 시대의 요청으로 받아들였다는 말씀이었습니다. 그러면 이 판단이 회사의 비전과 경영전략과 연계가 되었는지를 묻고 싶습니다"

"회사의 비전… 교수님 부끄러운 얘기지만 아직 회사의 비전을 명문화 하지 못했습니다. 제 나름대로 생각해 놓은 것은 있지만 전문가나 직원들과 공감대는 만들지 못했습니다"

"그러다 보니 ERP의 목표를 비전화 시키지 못했겠군요"

"아니 교수님. 사람, 자금, 자재를 경영의 3요소라 한다면, 이를 최적화 하여 이윤을 높이는 것이 회사의 목적이고, ERP가 이를 달성해 주는 수단 아닙니까? 그렇다면 ERP란 것이 도입하여 잘 사용하고, 재고 줄이고, 스케줄링 잘해서 회사 이익에 기여하면 되지, 비전 운운 하는 것은 너무 복잡하게 흐르는 것이 아닐까요?"

전팀장이 따지고 들었다. ERP를 추진하는 목표의 공감대가 없었고, 특히 회사의 비전과 연계 시키지 않은 것은 결정적인 실수일 텐데, 경향을 계속 주장하고 있었다. 방향성을 쫓는다는 게 자칫 유행을 혼자서만 따라가게 될 수도 있는데… 이에 관해서는 MRPI이 ERP에 이르기까지 이름이 변해간 것에 대한 자기반성이 필요하다며 이해 시켰다고 생각했는데… 역시 자기가 듣고 싶은 부분만 들었는가?

갑자기 내 사랑(?) 민선배가 생각났다.
저런 잘못된 얘기를 하는 걸 민선배 앞에서 해야 하는데… 그러면 민선배의 정곡을 콕 찌르는 그러나 점잖은 비판에 전팀장이 창피를 당하던지, 심각한 반성의 기회가 될 텐데…나라도 흉내를 내 볼까? 아쉽다는 생각을 하고 있을 때 찬미가 일어섰다…

"저는 학생이어서 현실감이 좀 떨어질지 몰라 조심스럽습니다만 제가 배운 바를 말씀 드리고자 합니다.

ERP에서 E란 기업(Enterprise)를 나타내고 R은 자원(Resource)들을 말하며, P는 계획(Planning)을 말합니다. 많은 기업에서 E, R까지는 운영하지만 P의 운영을 못하고 있습니다. 그러나 P를 운영해야 ERP가 추구하는 효과를 볼 수 있으리라 생각합니다. 여기서 P를 운영한다 즉 계획을 세운다는 말은 미래에 대한 예측으로부터 시작합니다.

모든 일이 미래에 대한 예측이나 기대 혹은 목표로부터 시작되어야 기업은 방향성을 가질 것입니다. 이 기대와 목표를 비전이라고 표현하면 좋을 것 같습니다.

이 비전은 핵심 이념과 비전화된 미래로 구성되는데, 특히 미래의 모습은 크고 어렵고 담대한 목표이며, 목표를 달성한 상태에 대한 생생한 묘사이어서 모든 사람들의 가슴에 와 닿아야 할 것입니다. 다소 달성하기 어려운 목표를 잡더라도 도전을 유도하는 감동의 문장으로 말입니다.

자동차 생산라인을 자동화여 대중화 시대를 연 포드는 다음과 같이 비전을 제시 했습니다. '나는 자동차를 아주 대량으로 생산할 것이다. 자동차 가격이 아주 낮아져서 봉급 생활자들도 자신의 차를 가질 수 있고, 하느님의 위대한 열린 공간에서 가족과 함께 축복된 즐거운 시간을 즐길 수 있을 것이다. … (중략) … 내가 이 일을 완성 했을 때, 모든 사람은 자동차를 가질 여유가 있을 것이고, 또한 자동차를 소유하고 있을 것이다. 말은 도로에서 사라질 것이고, 자동차가 당연히 그 자리를 차지 할 것이다. 그리고 우리는 많은 사람들에게 높은 임금 수준의 일자리를 제공할 것이다.'

이 말은 당시로는 획기적인 좀 황당한 표현이었지만 비전을 성취함으로써 향후 어떤 미래를 가질 지에 대한 선명하고 매력적이며 구체적인 묘사였습니다.

그 혜택을 우리도 누리고 있습니다.
ERP 프로젝트도 이런 비전을 가지고 출발해야 할 것입니다."

역시 제2의 민지우다. 그녀의 발언은 크고 담대했으며, 생생했다. 작은 아버지를 비롯하여 여기 저기서 고개를 끄덕이는 모습이 보였다. 윤교수님도 만족스런 미소를 보냈다.

"모 기업에서 ERP와 SCM 프로젝트를 추진하면서 사장이 이런 말을 했습니다. '이 시스템이 완성되면 우리 영업사원들은 고객과 상담을 할 때 직접 노트북 단말기를 보면서 납기를 약속해 줄 수 있을 것입니다. 그리고 재고는 현재보다 20% 이상 감소될 것입니다' 이에 대한 영업사원들의 반응은 시스템을 어떻게 사용할 지에 대한 감은 없어도 노트북 컴퓨터가 생기겠다, 뭔가 데이터에 의한 질 높은 컨설팅 영업을 할 수 있겠다는 생각을 했다는 것입니다."

윤교수님의 보충에 작은 아버지도 동의하셨다.

"맞어 맞어… 전에 TPM할 때 있지않소… TPM TPM 아무리 소리쳐도 먹혀들지 않던 것을 내가 그랬지. '야 이사람들아 자네들이 TPM을 하면 현장이 깨끗해지고 손가락 발가락 잘려나가는 일이 없어질 거야.' 그랬더니 그 동안 안전사고를 많이 보아 왔던 친구들이 해봐야겠다는 생각이 들었던 거야. 필요해. 비전이란게 필요해… 교수님 미처 깨닫지 못한 것이었습니다. 감사드립니다."

"비전은 구체적인 목표로 만들고 이의 달성을 위한 주요 성과측정 지표(KPI : Key Performance Index)를 개발 운영해야 합니다."

윤교수님이 목표에 대한 성과 측정에 대해 운을 띄우자, 또 전팀장이 가로채어 말했다. 좀 전에 기가 죽어서 인지 도전적이진 못했다.

"교수님 그게 쉽지 않았습니다. 성과 측정 지표라는 것이 먼저 목표 달성을 위해 도움이 되어야 할 것이고, 이해하고 평가하기 쉬워야 하며, 공감대를 형성할 수 있는 것이어야 할 것입니다. 그런데 각 팀장님들께 의뢰 했더니 종류만 팀장 10-15개 총 100여개가 나왔었습니다. 현실적으로 관리할 수 없는 지표였었습니다."

"이해합니다. 몇 년 전에 KPI를 만들었다고 자랑하면서도 회사 기밀이라며 보여 주지 않는 기업이 있었습니다. 제가 'KPI를 몇 개나 만들었습니까?' 했더니 자랑스럽게 '148개입니다'라고 하더군요. 제가 웃어버렸습니다."

요즘은 사람들이 현명해 졌습니다. 5-7개 정도의 KPI를 만들고, 이를 기준으로 부서의 측정 지표를 만들고 있습니다. 기본적으로 이런 사고를 가져야 합니다. "중요한 것은 측정되어야 한다. 측정되지 않은 것은 중요하지 않다. 모든 게 다 중요하다면 중요한 것은 없다는 말이다"

"그 KPI를 잘 개발하면 ERP를 통해 회사가 어떻게 좋아졌는지 바로 알 수 있겠군요? 그리고 일 잘해라 말아라 얘기할 것도 없을 것 같네요"

"예. KPI가 만들어지면 ERP를 하기 전의 상태를 있는 그대로 측정합니다. 그리고 ERP가 끝난 직후, 안정된 후, 그리고 주기적으로 점검을 합니다."

"그래 ERP를 적용하고 나면 얼마나 좋아지던가요? 내 기억으로는 30% 정도 생산성이 좋아질 것이라고 들은 것 같은데"

"ERP 문화가 정착되면 그렇게 될 것입니다. 그러나 ERP를 사용하는 초창기에는 오히려 나빠지는 현상이 더 많습니다. 재고도 늘어나고, 인력도 늘어나고…"

"그럼 힘든 데다 기까지 죽어서 누가 하고 싶겠어요? 전팀장 자네들 힘들어서 완료보고 하고 얼른 치워버린 것 아냐?"

"그러진 않았겠지만, 사장님께서 지적하신 이런 이유 때문에 조기에 가시적인 성과를 거둘 수 있도록 부문 목표를 운영할 필요가 있습니다"

"예를 들면요?"

"조직원들이 성취감을 맛보고 자신감을 가질 수 있도록 하는 목표치를 말합니다. 예를 들면 지금부터 두 달 동안에 재고 정확도를 98% 달성해 보자 라든지…"

"허허 교수님 부끄럽습니다. 그러니까 정리하면 목표가 명확해야 하는데, 이 목표가 없었습니다. 물론 프로젝트팀은 목표가 있었겠지만 회사의 장기 목표, 비전과 미션에 연계되지 않았기 때문에 공감대도 없었고, 전산 팀장이 아는 선에서 시작했기 때문에 쉽지도 않았겠네요. 더욱이 KPI는 비현실적이었고, 단기 성과나 동기부여 정책은 생각도 못 했으니… 완전히 사장의 무능입니다.

전팀장. 그 동안 많이 나무라서 미안해.
알고 보니 나의 잘못이 더 크구먼.
교수님 반성합니다."

분위기가 아주 숙연해졌다. 작은 아버지의 이런 모습을 자주 보아 왔지만, 오늘도 역시 감동이다. 이런 분을 모시고 어떻게 ERP를 이 지경으로 만들어 놓았는지 프로젝트 팀들이 한심하다는 생각이 들었다.

"사장님 기왕 시작한 김에 아픈 곳을 한 번 더 짚어보고 싶습니다"

"감사하죠. 아픈 곳을 알면 치료가 가능하죠. 필요하면 수술이라도 해야죠"

윤교수님은 두 번째 계명을 칠판에 적기 시작했다.

제2계명 최고 경영자의 참여와 지원이 있어야 한다.

윤교수님이 다 적기도 전에 작은 아버지는 웃으며 푸념을 시작하셨다.

"교수님 지금 적으시는 게 최고 경영자의 커밋먼트인가 뭔가 입니까?… 커밋먼트(Commitment). 야 발음도 잘 안되네. 하하"

나도 이 단어는 발음이 잘 되지 않는다.
사전에 찾아봐도 그 뜻이 위탁하다, 맡기다, 수용하다, 수감하다, 인도하다, 헌신하다, 전념하다 등등 알 듯 모를 듯한 말들이다. 그 동안 여러 자료를 본 분위기로 봐서는 최고 경영자의 적극적인 참여와 전폭적인 지원의 약속이 필요하다는 의미이다.

"예 맞습니다. 하하. 전팀장께서 프로젝트 사무실 오는 길 잊어 먹었으면 가르쳐 드리겠다고 하던가요?"

"그 정도면 제가 기억도 하지 않죠. 아니 저 친구가 두 눈을 부릅뜨고는, 나더러 프로젝트를 위해 한 게 뭐냐는 거예요. 내가 돈을 얼마나 투자했는데 알토란 같은 사람들도 뽑아 줬고"

"그럼 '밥만 묶고 사나?' 란 말 듣지 않으셨나요?"

"교수님. 지금 제가 ERP를 몰랐기 때문이었다고 말씀 하려는 거죠?"

"예"

"단 한마디로 '예'란 말씀이세요. 야 서운하네. 그래도 사장인데 직원들 보는 앞이니 좀 돌려서 점잖게 말씀해 주시지 너무하십니다. 하하"

"죄송합니다. 그렇지만 가장 정직한 답변입니다. 양해해 주십시오. 사장님께서도 느끼셨겠지만 최고 경영자가 ERP를 통해 조직문화를 바꾸겠다는 의지 없이는 ERP를 실패하기 십상입니다. 사장님 같은 분이나 사장님께 위임 받은 고위 경영층이 확고한 의지를 가지고 프로젝트에 깊이 관여하여 명확한 방침을 전달할 수 있어야 합니다"

"저는 솔직히 이렇게 직설적으로 깨우쳐 주셔서 감사할 따름입니다."

"감사합니다. 여기 혹시 임원이 계십니까?

"저기 김이사와 박이사가 있습니다. 나중에 소개 시켜드리겠습니다"

"예 김이사님. ERP 프로젝트 할 때 프로젝트팀에 통닭 사가지고 몇 번이나 찾아 가셨습니까?"

"… …"

"혹 임원의 임무가 프로젝트팀에 통닭 사들고 가는 것이라는 규정을 못 보셨습니까?"

"저는 사장님이 ERP 사무실에 자주 가셨으니, 제까지 가면 불편해 할까봐 가는 것을 자제 했는데… 다음에 이런 일이 있으면 통닭에 컵라면까지 사가지고 가겠습니다"

"박이사님은 어떠셨습니까?"

"사실 삐걱거린다는 느낌을 받으면서 나도 뭔가를 해야 된다는 부담은 있는데 이것 아는 게 있어야죠.

정말 답답하더라구요. 그래서 우리 생산 모듈 담당한 문대리 불러다가 물어보기도 하고, 전팀장에게 임원들이 알기 쉽게 용어집도 만들어라, 설명회 해라 말했는데… 제때 되지도 않을 뿐더러, 마지 못해 한 것도 무슨 말인지 알아먹질 못하겠습디다.

나중에는 노골적으로 말했죠. 내가 뭘 해주면 되느냐고. 악역 다 해줄게. 자네 말 안 듣는 사람 다 얘기해라. 그런데도 안됐어요"

"나이 드신 분들은 컴퓨터와 영어에 대한 공포 때문에 ERP에 대해 접근을 하지 않으려는 경향이 있습니다. 팀장님들은 어떠셨는지 모르겠습니다.
리더십이 있는 분들 중에도 이런 분들이 있습니다. 박이사님도 해당될 것 같은데 한번 들어 보시죠.

'김대리. 내가 모든 것 다 지원해 줄께. 실패해도 좋아. 마음껏 해봐. 그리고 애로 사항 있으면 다 얘기해. 프로젝트만 성공한다면, 아니 이 프로젝트를 통해 자네가 발전하기만 한다면, 다 해결해 줄께. 고민도 다 들어줄께. 술 사달라면 밤새워 술 사주고, 고스톱 쳐서 돈 잃어 달라면 잃어 줄께' 이런 분 여기는 계시지 않습니까? 그런데 이 분이 결정적인 말로 마무리 합니다.

'그런데 김대리 ERP는 내게 말하지 마. 자네 선에서 좀 처리해 줘. 이 나이에 컴퓨터 앞에서… 나 못해…머리도 돌아가지 않어. 자네만 믿는다'

어떻습니까?
훌륭한 리더라고 생각하십니까?
이러시면 안됩니다.

과거에 컴퓨터의 키를 잘못 누르면 폭발할지도 모른다는 두려움을 가진 분도 보았습니다. 다들 그 정도는 아니지만 새로운 것을 배우는 데는 주저 하십니다. 먼저 배워 알고 리드 하셔야 합니다"

"김이사 박이사 내가 반 책임 질 테니 두분도 1/4씩 책임 지셔야 겠소"

"그렇네요. 전팀장 교육비가 아니라 저희들 교육비였습니다. 늙은이들에게 너무 투자했었네요."

"그럼 세 번째로 넘어가 봅시다"

제3계명 사람이 먼저 준비되어야 한다.

"사장님 아버지 면허증 있으세요?"

"아버지도 면허증이 있어야 하나요? 결혼하면 면허증 있는 것 아닙니까?"

"혹시 따님이 있으세요?"

"예. 딸 둘 있습니다. 막내는 아들이고요"

"저도 딸이 둘 있습니다만, 이 녀석들은 의외로 작은 것에 상처를 받곤 하더라구요. 혹시 따님들이 사장님의 그 투박한 경상도식 말투에 상처 받은 것 있다는 말씀 못 들으셨어요"

"저같이 속마음 깊은 아빠에게 상처 받았다면 아이들이 문제 아닐까요? 착각인가요?

"좋은 아버지임을 인정은 하겠지만, 더 좋은 아버지가 되기 위해 면허증 따셔야 할 것 같습니다. 그러면 운전 면허는 있으세요?"

"뭐가 숨어 있는 것 같아 답을 못 하겠네요. 그 천만원 좀 넘는 차 운전 하는 데는 면허증 있으면서 아이들 키우는 데는 면허증 생각도 해보지 않았으니 생각할 점이 있네요"

"예 기회가 있을 때에 아버지 면허증 따십시오"

"정말 아버지 면허증이란 게 있습니까?"

"예 아버지 학교에서 줍니다. 저는 면허증 있습니다. 누구 아버지 면허증 있는 분 없으세요? "

한 분이 빙긋이 웃으면서 손을 드신다. 다들 뜬금 없는 소리다 생각하지만 두 분은 서로 통하는 게 있는 모양이다.

“아 반갑습니다. 조금 다른 얘기긴 하지만 혹시 선생님은 차를 먼저 사셨습니까 운전면허를 먼저 따셨습니까?”

“운전 면허가 먼저 였습니다.”

“혹시 이 중에 차를 먼저 사고, 운전 배우신 분 없으세요? 시골에서는 간혹 있더라구요.”

저 쪽에서 손이 올라가다 내려버리는 분이 보였다. 정말 차를 사 놓고 운전면허를 따는 사람도 있는 모양이다. 말도 되지 않는다. 그 분 말씀으로는 예상치 못하게 운전 면허 시험에서 여러 번 떨어지는 바람에 차가 먼저 나와 그렇게 되었다고 말씀하셨는데 그럴 수도 있을 것 같았다.

“우리가 상식적으로는 운전면허를 따고 차를 사는 게 정상입니다. 그러나 운전을 배우는 속도를 보면 차를 사고 운전을 배우는 것이 훨씬 빠릅니다. 물론 위험하기 짝이 없죠. 그런데 기업에서는 효율을 중시하고 빨리빨리 문화에 젖어 있다 보니 차를 먼저 사는 경우가 허다합니다”

“그렇겠네요. ERP도 면허를 따 놓고 도입하는 게 맞았겠네요”

“ERP 프로젝트를 수행하기 위해서는 ERP 개념과 기술에 대한 지식과 동시에 업무에 대한 지식이 필요합니다. 뿐만 아니라 프로젝트 관리 기술과 변화관리 기술 등 다양한 분야의 기술을 보유해야 운행이 가능합니다. 특히 선발대 격인 프로젝트 팀원들이 그 중심에 있죠”

“일단 프로젝트 팀원은 최고의 엘리트 사원으로 구성했다고 자부해요. 모두들 업무에 정통한 사람들이었죠. 학습 속도도 빠르기 때문에 모든 것을 믿고 맡겼는데 미리 공부를 시키는 것이 옳았겠네요. 전팀장 자네는 전문가이니 알았을 것 아냐?”

"예 물론 처음 계획서에는 교육이 올라갔었습니다. 그런데 비용이 많이 든다고 교육을 줄이고, 기간이 길어져서 기간을 줄이면서 또 사전 교육을 없애버렸습니다.

"또 내가 잘못한 거야?"

"제가 교만해서 그랬습니다. 제가 커버할 수 있을 것이라 생각해서 사장님도 그러시고, 이사님들도 더 줄여보라기에 자신 있게 가장 먼저 없애버렸던 부분입니다. 뒤에 잘못 했다는 후회를 많이 했었습니다"

전팀장이 달라져 보였다. 피해의식에 의한 소극적 방어에서 자신을 과감히 오픈하는 기분을 느꼈다. 윤교수님도 같은 기분이었을까? 천천히 일어서서 다음 화제를 이끄신다.

"한 대기업에서 외국의 유수한 컨설턴트를 불러서 ERP를 구축하려 했습니다. 컨설턴트, 특히 외국 컨설턴트들 얼마나 비쌉니까? 이 외국 컨설턴트들이 와서 프로젝트팀과 같이 일을 시작하는데 말이 통하지 않은 겁니다. 물론 프로젝트팀은 상당한 수준으로 영어 회화를 하는 분들이었는데도요"

"한국말보다야 어렵겠지만, 그래도 그림 그려 가면서 하면 일 자체는 말이 통하지 않아 못할 정도는 아닐 텐데요?"

"물론 일상적인 대화에는 문제가 없었습니다. 그런데 ERP 용어가 나타나면 문제가 발생했습니다.

예를 들어 페깅(Pegging)이라는 용어가 있습니다. 이는 어떤 오더의 수요가 어디에서 원인이 되어 온 것인지를 찾아가는 기법입니다. 컨설턴트가 말합니다. ' 그 원인을 알기 위해서는 페깅 리포트를 따라…' 프로젝트팀원이 말을 끊고 묻습니다. '페깅이 뭐죠?' 컨설턴트가 페깅을 설명하죠. 이해를 못하니까 한참을 둘러가며 설명합니다.

어느 정도 이해가 되었다 싶으면 다음으로 넘어가는데 두 문장을 넘기지 못하고 또 모르는 용어가 나옵니다… 이렇게 용어 설명를 하다가 프로젝트 기간의 3/4이 지나가 버립니다. 이제 용어는 알아 들을 만 한데 시간이 없어요. 두 쪽 다 급하죠. 급히 프로젝트를 마무리 합니다.

프로젝트팀에서는 컨설턴트를 욕합니다. '실력도 없는 사람들이 와서 용어 몇 개 가르쳐 주고 돈만 뜯어 갔다'고…

반면 컨설턴트는 '내가 다시 이 회사에 오나 봐라. 내가 이 회사 ERP에 내 노하우를 전수해서 ERP가 성공시켜 보람도 찾고 다음 프로젝트에 내 몸값도 좀 올리려 한 것이지 … 가족과 떨어져, 음식도 맞지 않는 이곳까지 와서 기껏 용어 설명이나 하려고 온 것은 아니라고 욕하며 갔습니다.
뭐가 잘못 되었습니까?"

"영어가 되는 친구들도 ERP 용어를 몰라서 일이 되지 않았다는 말씀이십니까?"

"컨설턴트는 페깅이란 용어를 가르치는 사람이 아니라 페깅을 업무에 어떻게 활용하는지 경험과 원리를 전수하고 싶었습니다. 프로젝트 팀원들이 미리 컨설턴트가 사용하는 ERP 용어를 미리 숙지하고 있었다면… 그들은 정말 필요한 소프트 기술을 주고받을 수 있었을 것이며, 둘 다 보람 있는 일을 했을 것입니다."

"그럼 프로젝트 팀원들을 컨설턴트 수준으로 키워버리면 그 비싼 컨설턴트 필요 없을 수도 있겠네요?"

"그 수준도 불가능 한 것은 아니죠.
우리 프로젝트 팀원이 실력이 있다면, 컨설턴트를 최소화 할 수 있을 것이고, ERP 패키지도 제대로 고를 수 있을 것입니다."

"사람을 키우는 만큼 돈을 절감할 수 있겠네요"

"그렇습니다. 위험부담, 향후 유지보수까지 생각하면 절감액은 교육비의 10배 이상일 것입니다. 그런데 이 중요한 사실을 모르고 교육 계획을 모양새 갖추기로 세워 놓고, 가격 협상에 들어가면 가장 먼저 없애 버리는 부분이죠"

"어떤 내용이 미리 교육되어야 할까요?"

"먼저 ERP 개념과 APICS에서 제공하는 ERP나 SCM에 대한 지식 체계입니다. CPIM과 CIRM 내용이 기본이 될 것이고, 실 사례의 연구가 들어가면 아주 좋다고 봅니다. 여기에 TOC, 6 시그마 등 개선 기법, 프로젝트 관리 기법, 변화관리 기법, 정보 전략 계획 기법 등이 추가 되어야 할 것입니다.

마음가짐도 중요합니다. 모든 사람이 컨설턴트에 가까운 개선 마인드를 가지고 있어야 컨설턴트와 협업할 수 있습니다.

나의 일을 돌아보고 더 잘할 수 있는 방법을 찾는 자세가 되어 있어야 합니다. 쓰레기통에도 과학이 있다는 생각으로 자기 자신의 일에 대해 컨설턴트가 되어야 합니다. 이들은 변화의 리더가 되기 위해 자신부터 변화해야 합니다"

잠깐의 침묵이 있었다. 모두들 사장인 작은 아버지의 한 말씀을 기다리는 기분의 짧은 적막을 찬미가 깨어 주었다.

"제가 알기로 과거에는 ERP 실패 비율이 높았었습니다. 실패하는 이유는 첫째 오픈 경영에 대한 마인드가 없어 이에 필요한 데이터를 넣어주지 않았기 때문입니다. ERP는 정교한 시스템인데 쓰레기 같은 데이터가 들어 갔던 것입니다. 두 번째는 우리의 실력이 없었다던 것에 그 이유를 둡니다.

그러나 현재는 우리나라에도 ERP 인재들이 많이 양성되었습니다.

설원 전자도 이런 인재를 양성하면, ERP 뿐만 아니라 모든 경영 혁신 프로젝트에서 좋은 성과를 낼 수 있을 것입니다."

작은 아버지는 딸 같은 찬미에게 '주찬미님 명심하겠습니다'란 말을 포함한 칭찬을 하고는 직원들을 돌아보며 말을 이었다.

"야-! 그러니까 우리 설원전자는 ERP 차 사놓고 운전 연습하다가 사고 난 셈이다. 그지. 이제 바닥부터 다시 연습해서 면허증 따야겠네. 전팀장 어떻게 생각해?"

"예 저부터 반풍수 되지 말고, 제대로 배울 기회를 찾아야 할 것 같습니다. 다음 계명이 뭔지 두렵기도 하고 한편으론 기대됩니다."

제4계명 자사에 맞는 패키지를 선정해야 한다.

"1970면대 말만 하더라도 양복 하면 맞춤복이었습니다. 그런데 80년대 초반부터 급속히 기성복으로 옮겨가기 시작했습니다.

컴퓨터 시스템도 마찬가지 입니다. 한 때는 맞춤복 격인 개발 시스템이 주류를 이루었습니다. 그러나 현재는 시스템이 많이 발달하여 기성복 격인 패키지 시스템이 비용면에서나 통합성 면에서 유리합니다.

기성복을 고를 때 내 몸에 어울리고 사이즈도 맞는 것을 고른 다음 바지 길이를 줄인다든지, 양복에 맞춰 허리띠와 구두 색을 고르는 정도로 끝냅니다.

바지를 치마로 바꾼다든지, 2 버튼 양복을 3버튼 양복으로 바꾸지는 않을 것입니다.

ERP도 마찬가지로 최대한 우리 업의 특성을 잘 지원하는 시스템을 골라 커스터마이징을 최소화해야 할 것입니다."

"이 것도 앞에서와 마찬가지로 목표와 실력의 문제이네요. 어떤 용도로 ERP를 사용할 것인가 하는 목표와, 그 용도를 어떻게 구체적 기능으로 발췌할 수 있느냐?, 이것들이 어떻게 구현되어야 하나?, 어떤 시스템을 사용하는 것이 가장 적절할까? 등등에 대한 변별력이네요"

"그렇습니다. 그래서 우리 프로젝트 팀이 실력이 있으면 우리에게 맞는 것을 고를 수 있는데 실력이 없을 경우는 외부 전문 기관에 ERP 패키지 선정에 필요한 일련의 작업들을 의뢰해야 합니다.

문제는 이런 전문가들에게 우리 업무를 가르치는 시간이 있어야 하고 값도 비싸다는 것입니다. 어떤 경우는 자신들의 제품을 가지고 있어 자신의 제품을 추천하는 쪽으로 유도하는게 문제가 되기도 합니다."

"결국 우리가 실력을 갖든지, 아니면 제품을 가지고 있지 않고 공정한 평가를 할 수 있는 컨설팅 기관이 필요하겠네요.

그러나 저러나 우리 경우는 어떻게 선정했었어. 전팀장"

"제가 3개 안을 분석해서 결재를 올렸고, 사장님께서 선택하지 않으셨습니까?"

"야 이 사람아. 나를 아직도 그렇게 모르는가?. 나나 우리 이사님이야 치명적인 결점이 없으면 담당자 의견을 존중하지 않니. 아마 그 때도 자네가 가장 좋다는 안을 결정했을거야.

ERP를 잘 몰랐고 확고한 의지도 없었던 점은 나하고 우리 이사들이 책임진다고 하지 않았나. 그래서 자네가 선정했던 기준을 한 번 짚어보잔 말이야. 반풍수 되지 않고 제대로 배우고 싶다는 친구가 그렇게 말하는 거야?"

전팀장이 미련한 것인지? 일년에 서너 번, 잠시 보는 나도 작은 아버지의 성격을 파악하고 있는데, 왜 이러는지 모르겠다. 작은 아버지는 책임 회피성 발언을 아주 싫어하신다. 본질과 관계없거나 대안이 없는 말장난도 무척 싫어하신다. 윤교수님이 나서서 화제를 돌려야만 할 분위기이다. 그런데 또 찬미가 생글생글 웃으며 나선다.

"아까 전산실에서 ERP 검토한 자료를 봤거든요. 짧은 시간이어서 정확하게 말씀드릴 수는 없지만 상당히 체계적이고 논리적으로 접근한 것으로 판단되었습니다.

이런 시스템을 선정할 때 회사의 비전 및 미션과 현재 시스템을 비교하여 그 갭을 메우는 수단으로 ERP의 필요기능을 찾는 방법을 사용하든지, 아니면 제품과 고객, 시장의 특성을 놓고 오더 위너(수주 조건)와 오더 퀄리파이어(입찰 조건)를 찾아내고 이를 잘 지원할 수 있는 기능을 찾는 방법을 사용합니다.

저는 개인적으로 후자를 좋아하는데 전팀장도 후자의 방법에 입각해서 시스템 요구사항을 만들었고, 이를 지원하는 정도를 각 패키지마다 평가를 하고 있었습니다"

"무슨 말인지 잘 모르겠지만 주찬미님이 좋게 보았다니 좋군요. 그런데 그 후자라는 것을 좀더 구체적으로 설명해 주시죠?"

"제품이 생명주기 상 도입기 혹은 성장기, 성숙기 쇠퇴기에 있는가를 분류할 수 있습니다. 어느 시기의 제품이냐에 따라 사업 전략이 달라질 것입니다.

이와 연계하여 고객의 수요에 대해 수주생산 체계로 갈 것인지 예측생산 체계로 갈 것인지, 좀더 구체적으로 분리하면 ETO, MTO, ATO, MTS 생산 전략 중 어떤 방식으로 갈 것인지를 정리해 볼 수 있습니다.

그리고 제품과 생산 다양성 관계에 따라…"

"주찬미 잠깐… 미안해요. 개략 짐작이 가는데 여기 앉아 있는 사람들이 모두 알아야 할 사항인데 현재 그렇게 간단히 설명하면 이해할 수 있는 사람이 몇 안될 것 같아. 그래서 다음에 도표와 자료를 준비해서 정식 강의를 한 번 부탁 할께요. 오늘은 이 정도로 하고 다음으로 넘어 갔으면 하는데…"

"예.저도 갑자기 설명 하려니 논리가 꼬여가고 있었는데… 감사합니다."

"이렇게 무례를 해도 다음에 강의 한 번 해 주실 것이죠?
강의료는 두둑이 드리겠습니다."

"강의는 윤교수님이 전문…"

"아 예 주찬미의 다음학기 리포트는 설원전자의 교육으로 대체하겠습니다. 다른 학생들도 한 주제 하나씩 준비하도록 하세요. 내용이 좋으면 소개할 기회를 만들 수도 있으니…"

제5계명 변화관리 차원에서 추진되어야 한다.

"변화관리란 기업의 중대한 변화를 기업 성과가 향상되는 방향으로 관리하는 것입니다. ERP 구축은 기업의 중대한 변화이며, 회사의 모든 업무는 물론 조직원의 감정까지 고려해야 하는 어려운 작업입니다.

자 이 자료를 한 번 보시죠.
이는 CIO란 잡지에서 발췌한 내용입니다.

> **엎친데 덮친 ERP**
>
> CIO
>
> 컨설팅 관리 능력의 부재. **변화관리의 실패**. CIO의 부재. ERP를 제대로 망치려면 몇 가지 조항이 필요하다. 이들이 적절히 조화된다면 ERP 시스템은 충분히 예산을 탕진하고 프로젝트를 엉망으로 만들 수 있다. 중견 업체인 K사는 현재 전산실 토탈 아웃소싱을 추진하고 있다.
> ERP시스템은 기업의 전체 프로세스 혁신과 맞물려 돌아가야 하는 거대한 프로젝트다. **그러나 내부 변화관리에 실패한 기업이 컨설팅 및 솔루션 업체를 제대로 관리하기란 쉽지 않은 일이다.**
> ERP시스템 구축에 있어 치명적인 악재를 동시에 겪은 K사. 한국 ERP구축 사례 중 최악의 사례라는 돌이킬 수 없는 결과를 낳은 K사가 언제쯤 정화될 것인지 두고 봐야 할 것이다.(CIO : 2001.10.15)

뒤에 '변화관리'란 글자가 보이 시나요.
제가 읽어 보겠습니다.

ERP 실패의 원인 중 가장 큰 것을 변화관리의 실패라고 말하고 있습니다. ERP는 보다 도전적인 새로운 시장 환경에 잘 적응해 나가도록 사업 방식을 바꾸는 것으로 변화관리가 수반되어야 합니다. 만도라는 회사 들어 보셨나요. 이 회사는 IMF, 부도, 화의… 일련의 격변 속에서도 ERP를 구축에 성공한 모범사례로 꼽히고 있습니다. 이 회사의 CEO는 ERP를 변화관리의 차원에서 추진했다고 말하고 있습니다.

이 몇 년 동안 성공 사례로 꼽히고 있는 대기업들은 한결같이 변화관리, 특히 교육을 중요시 했습니다. 그리고 이 물결은 중소기업으로 흘러가고 있습니다. 이 자료를 한 번 보시죠. 전자 신문에 나왔던 자료입니다. 저는 이 회사에 대해서 전혀 아는 바가 없습니다만 내용을 제가 읽어 보겠습니다. …

KD사의 ERP시스템은 비교적 안정적으로 구축됐지만 과정은 결코 수월하지만은 않았다. 재규정 해야 할 다큐멘트가 산적해 있던 데다 특히 코드화 · 표준화 작업에만 총 5개월을 매달려야 했다. 이런 어려움을 극복할 수 있었던 것은 적절한 변화관리 덕분이었다.
'사람에서부터 모든 것이 나오고 이에 따른 기업의 문화가 성패를 좌우한다.'는 사장의 경영철학이 중소기업으로는 드물게 변화관리에 관심을 갖게 했다.

변화관리의 위력을 실감하시겠습니까? 과거에 실패했던 시절에는 ERP S/W 프로젝트를 추진한 결과였고, 이를 일과 사람의 변화로 패러다임을 전환한 후 성공률이 높아졌다고 보면 틀리지 않을 것입니다."

"변화관리가 중요하단 말은 알겠습니다. 그러면 구체적으로 변화관리는 어떻게 하라는 말씀이십니까?"

"주찬미…"

"변화관리는 여러 가지 방법론에 의해 이루어 질 수 있지만, 저는 개인적으로 코터(Kotter)의 기업 개혁 8단계를 기준을 추천하고 싶습니다. 코터가 제시한 8단계는… 아무래도 기억을 살려야 하니 칠판을 사용하겠습니다"

그 당당함이 부럽다. 후배지만, 내 눈에는 어린 여자애로 보이지만 당찬 모습이 아름답기까지 하다.

1단계 : 위기감 조성

2단계 : 강력한 변화 추진 구심체 구축

3단계 : 비전창조

4단계 : 비전전달

5단계 : 구성원을 비전에 따라 행동하도록 권한 부여

6단계 : 단기적인 성과를 위한 계획 수립 및 실현

7단계 : 달성된 성과향상의 통합과 후속 변화의 창출

8단계 : 새로운 접근 방법의 제도화

"위기감 조성은 되어 있을 것이고, 추진 구심체야 기존 조직을 활용하면 되겠고… 비전을 창조해서 전달하는 것이 핵심이겠네요. 나머지도 대부분 나왔던 얘기네"

"중요성이 더하고 덜하고는 없다고 말들 하십니다. 각 단계는 생략할 수 없으며, 한 단계라도 결정적 실수를 범하면 치명적인 영향 미치고, 추진력이 저하되므로 치밀하게 준비되어야 합니다. 특히 ERP는 많은 사람이 여러 모듈을 동시에 수행합니다. 이를 비유해서 표현해 놓은 재미있는 말이 있습니다.

'마치 회사가 동시에 다섯 종류의 수술을 받는 것과 같았다. 한 의사는 치과 수술을 하고, 다른 의사는 부러진 발을 치료하며, 또 다른 의사는 탈골 된 어깨를 치료하고, 다른 사람은 담석 제거 수술을 하고 있는 격이다. 각 수술은 성공적이었지만, 그 환자는 충격으로 죽어버렸다.'

다들 열심히 일했고 각 모듈은 성공 했지만 전체 시스템은 연계되어 돌아가지 않았다는 말로 받아들일 수 있습니다. 변화관리의 각 단계는 아주 조심스럽고 치밀하게 다루어야 할 문제입니다."

"내가 머리가 굳어서 그러나? 아직도 번쩍하고 떠오르는 게 없어요"

"작은 아버… 아니 사장님. 변화 관리라는 것이 기업의 변화를 성과가 향상되는 방향으로 관리하는 것이라고 윤교수께서 말씀하셨습니다. 그 변화의 대상이 직원이 되는데요, 변화를 촉진시키기 위해 다양한 방법이 동원됩니다.

가장 보편적인 툴이 교육입니다. 그리고 이 교육 성과를 개인별로 측정하여 인사와 연계시킵니다.

홍보나 캠페인도 중요합니다. 인터넷 시대이니 만큼 이 메일 및 홈페이지, 그룹웨어 등을 통한 홍보도 젊은 층에는 효과가 많다고 들었습니다.

현장 개선 캠페인이나 정보사냥대회 등 이벤트도 활용할 수 있고, 사장님께서 직원들에 대한 신년사나 월례사 등의 메시지도 효과가 있다고 들었습니다. 특히 사장님이 직원 개개인에게 편지를 보낼 수 있다면 아주 좋고요.

지금과 같은 토론회나 일상적인 업무 회의 및 보고회도 변화를 촉진시키는 도구로 활용할 수 있을 것입니다"

"굿.

기원군 아니 설기원은 지금 얘기 한 것을 1시간짜리 발표자료로 정리해 보지. 경험이 들어갈 수 없다는 것이 아쉽겠지만 아주 좋은 자료가 되겠는데"

"그러니까 결국 직원들이 ERP를 수용할 자세가 되어 있고, 실력도 있어야 한다. 그렇게 만들기 위해서 변화관리를 하라… 이런 말씀이네. 제가 이해한 것이 맞습니까?"

"예 그렇습니다"

"그럼 이것 역시 실력의 문제네요. 처음엔 사장의 실력을, 두 번째는 프로젝트 팀의 실력을, 지금은 각 개인과 조직의 실력을 묻는 것이잖아요?"

"예 잘 파악하셨습니다. 그 실력을 쌓아야 할 다시 말해 중점을 두어야 할 부분이 어딜까 하는 문제로 들어가 보고싶습니다."

제6계명 업무절차의 개선과 병행하여야 한다

"이전에 개인용 컴퓨터의 오퍼레이팅 시스템이 도스(DOS)이었던 때를 기억하십니까?

도스가 윈도우로 바뀌니 어려운 명령어를 쳐야 컴퓨터가 작동하던 것이 아이콘 그림을 마우스로 클릭만 하면 되게 되었습니다.
프로그램 언어도 4세대 언어가 나와 프로그래머가 아니어도 간단한 조회 프로그램을 작성할 수 있게 되었습니다.

이 때 사용자 편리성이란 말이 화두로 많이 등장하였습니다. 실제로 사람을 위한 컴퓨터이기 때문에 MIS나 ERP와 같은 컴퓨터을 이용한 응용프로그램들은 사용자에게 편리해야 할 것입니다. 또 한편으로는 ERP S/W에 들어 있는 선진 혹은 모범 프로세스를 통해 업무를 정형화 시키려는 노력도 병행되어야 합니다.

설원전자에서는 어떻게 하셨었는지 말씀해 주시죠."

"교수님 말씀에 사용자 편리성도 추구한다고 분명히 포함되어 있죠. 그런데 아 전팀장 저 친구. 얼마나 고집이 센지…무조건 ERP 대로 하라는 거예요. 그의 말을 따르는 것은 중요한 일을 포기하자는 거나 마찬가지였었어요. 웬만하면 내가 밀어주려 했는데 두어달 하다가 포기해버렸습니다."

"리엔지니어링을 먼저 해서 업무를 시스템에 맞도록 변경해야 되는데, 그 당시 수정사항을 접수했더니 10개월 내에 끝내려면 2-30명 필요한 분량이었습니다. ERP를 하자는 건지 개발을 하자는 건지 난감했었습니다."

"그래서 우리가 우선순위를 매겨 주었잖아요. 그런데 결과적으로 하나도 제대로 된게 없었잖아요."

"실컷 만들어 주면 수정하자고 한 게 한두 번이 아니었잖아요. 디자인 할 때 제대로 해야지 수정을 염두에 두고 대충 요구사항 만들어 주면, 어쩌라는 거예요"

1대 다수의 설전이 오래도록 계속되었다. 서로 조금도 양보하지 않으려는 것을 보아 프로젝트를 하면서 아직까지 풀리지 않은 앙금이 있는 모양이다.

작은 아버지는 윤교수와 어린 학생들 앞에서 서로 싸우는 모습에 한심스럽다는 시선을 보냈다. 제 얼굴에 침 뱉기로 표현하는 것이 옳을지, 아니면 이 참에 솔직하게 모든 앙금을 털어 놓는다고 표현하는 것이 옳을지…

윤교수님이 감을 잡았는지 일어서서 좌중을 정리했다.

"그럼 전팀장님. 업무의 개선 항목과 시스템의 변경 항목은 몇 건씩이나 되었나요?"

"업무 개선 항목은 0이고요… 시스템 변경 항목은 수 십건이 였었습니다."

"그렇게 말씀하시면 안되죠. 우리도 많이 개선했다고요"

"좋습니다. 모두 옳으신 말씀인데요… 우리가 시스템을 개선할 것인지 업무를 개선할 것인지 판단 기준을 어떻게 하느냐가 중요합니다. 혹시 각자가 판단해서 내어 놓고 서로 협상하진 않으셨는지요?"

"그럼 다른 곳에서는 어떻게 하셨습니까?"

"제가 모 회사에서 프로젝트할 때에 그 회사의 업무 기준을 ERP가 제공할 수 있는 기능과 비교했었습니다. 결과 업무기준 158건 중 54건을 수정했고,13건을 추가로 작성하였으며, 뿐만 아니라 부서를 하나 만들기도 했습니다.

시스템 보완 사항도 87건 발췌 했었는데, 이는 중요도에 따라 ABC로 분류를 했고, A에 해당되는 보완 필요사항 중에서도 상위 5건을 집중적으로 해결했습니다. 그랬더니 전체적인 운영에 문제가 없었습니다. 나머지는 각 모듈 담당자들에게 맡겨버렸는데 얼마나 수정되었는지는 파악해 보지 않았습니다.

중요한 것은 중요한 몇 건만 해결하면 나머지는 저절로 해결되든지, 시간을 두고 해결하면 된다는 것입니다. 더 중요한 것은 시스템 수정보다는 업무를 변경한다는 생각으로 임한다는 것입니다."

"혹시 윤교수님 전산실 출신 아니세요? 너무 한 쪽으로 지우치신 것 아니예요?"

"판단의 기준으로 저는 두 가지를 제시하고 싶습니다.
먼저 도입하신 ERP를 잘 사용하는 회사가 설원전자보다 우수한가 열등한가의 문제입니다. 우수하다고 판단되면, 먼저 그들이 사용하는 프로세스를 받아들이십시오. 그게 BPR입니다. 그들이 사용하는 프로세스를 사용하기만 하면 설원전자도 그들과 같은 수준으로 단번에 올라간다는 얘기가 됩니다. 발전은 그 후에 하셔도 늦지 않습니다."

"두 번째는 무엇입니까?"

"두 번째는 아버지 자격증이 있는 분들만 이해가 가능한데… 우리 중에는 저와 단 한 분만이 자격증을 가졌으니 이해가 되실지 모르겠습니다."

"이해 안 되면 외우면 되지. 말씀해보세요."

"우리의 아이들을 생각해 봅시다. 여자는 아이를 잉태하면서 엄마가 될 준비를 10개월 동안 합니다. 몸으로 체험하며 많은 노력을 하죠. 그러나 남자는 어떻습니까?

저의 경우는 선배들로부터 아빠가 될 준비를 하라는 조언을 여러 차례 받았음에도 불구하고, 아내가 배불러 오는 모습만 바라보다 아빠가 되어 버렸습니다. 아빠가 되었다는 게 기분 좋기도 했지만 쑥스러웠습니다.

ERP를 우리가 만들어 낸 아이라 생각해 봅시다.
ERP 프로젝트팀원은 10개월 동안 몸으로 체험하며 ERP를 만들어 낸 엄마입니다. 다른 분들은 어느날 ERP를 받아 사용하는 아버지가 되었습니다.

우리는 자식에 대한 기대가 큽니다. 아빠를 존경했으면 좋겠고, 어깨를 안마해 주고, 구두도 닦아 놓고, 나아가 돈을 벌어서 아빠 용돈도 주었으면 좋겠습니다.

그런데 아이를 처음 낳으면 어떻던가요? 낮에는 실컷 자고 밤에 놀아달라고 보채죠. 새벽이면 꼭 한번 울어서 새벽잠 설치게 하죠. 아무 때나 응아 하죠.

이 아이를 어떻게 합니까? 엄마에게 안마하는 아이로 다시 낳으라고 말씀하십니까? 새벽에 아이가 울면 엄마더러 업고 옆방 가서 달래라고 말한 분은 없으세요?. 아이를 낳느라고 기진맥진 해 있는 엄마에게요.

프로젝트 팀이 ERP를 낳았습니다. ERP는 우리의 기대대로 모든 데이터를 통합해 주고, 손가락 하나만 움직이면 내가 하고 싶은 것을 처리해주지 않습니다. 이 갓난 아이 ERP에게 또 기진맥진해 있는 엄마, 프로젝트팀에게 무엇을 요구해야 합니까?

아버지 자격증이 있는 분은 내가 기저귀도 갈아주고, 애기 엄마 미역국도 끓여 줄 것입니다. 내가 일을 하는 방식을 바꾸죠. 그러면 아이는 무럭무럭 커서 나의 일을 도와 줄 것입니다."

제7계명 데이터의 정확도 유지를 보증해야 한다.

"주찬미~, 계산 로직을 설명해 주겠니?"

"ERP의 핵심 계획인 MRP는 상위 품목을 만들기 위해 필요한 부품량에 상위품목의 생산 계획을 곱하여 총 소요량을 만드는 데부터 시작합니다. 여기에는 상위와 하위 품목의 관계 데이터가 필요하고, 필요 수량과 생산 계획이라는 데이터가 필요합니다.

MRP 프로세서 : Gross-to-Net Logic

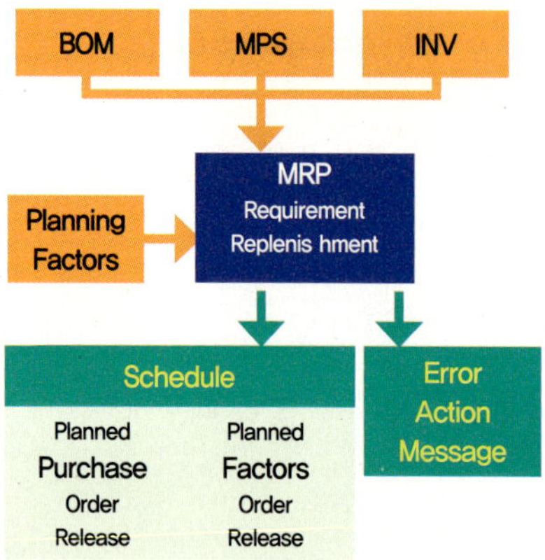

1. 총소요량(Gross Requirements) 산정
2. 재고(Inventory) 감산
   - 예정 입고량(Scheduled Receipt)
   - 예상 재고량(Projected On Hand)
3. 순소요량(Net Requirements) 산정
4. 계획 보충량(Planned Order Receipt) 산정
   - 기본단위 크기(Lot Size) 정책 적용
5. 계획 발주량(Planned Order Release) 제시
   - 소요시간 차감(Lead Time Offset)
6. 전개(Explosion)
   - 하위 품목의 총소요량 및 시기 산정

총소요량에 재고를 빼면 순수하게 필요한 소요량을 계산할 수 있습니다. 이 때는 재고량 데이터가 필요한데 현재 재고량뿐만 아니라 현재 재고 중에도 다른 일을 위해 이미 사용될 예정인 할당 품목은 제외되어야 하고, 아직 재고는 아니지만 이미 주문을 내어서 조만간 입고될 예정인 예정 입고량 데이터도 필요합니다.

여기에 주문 정책을 감안하고 리드타임을 빼어 줌으로써 실제 주문할 시기와 양을 계산합니다."

"주찬미씨의 설명을 들으면 계산에 많은 데이터가 필요하다는 것을 발견하실 것입니다. 필요량을 예측한다면 예측의 오류를 감안한 안전재고가 필요하지만, 계산을 제대로만 한다면 안전재고 없이도 목표로 하는 고객 만족을 달성할 수 있다는 것이 계산의 장점입니다.

이 계산은 데이터가 정확하면 정확한 계산이 되지만, 반대로 데이터가 정확하지 않을 때는 정확하게 틀린 계산이 된다는 결론입니다.

그래서 계획 즉 ERP를 사용할 수 있으려면 무엇을 만들고자 하는가에 대한 제품구성 정보, 어떻게 만들 것인가 하는 라우팅 정보, 얼마만큼 만들 것인가 하는 기준생산계획, 그리고.재고 데이터의 정확도를 보증해 주어야 합니다. 계획을 만들고, 계획 대비 실적을 비교하면서 대책을 만들어 가는 것이 ERP입니다."

"자료의 정확성을 위한 관리가 필요하다는 교수님의 말씀을 인정합니다. 그러나 ERP는 너무 많은 데이터를 요구하였었습니다. 우리 부서에게 준비하라고 한 데이터가 10이라면 이중 우리 부서가 사용하는 데이터는 3도 되지 않아요. 내가 왜 다른 부서를 위해 데이터를 만들어 줘야 하나 하는 불만이 많았습니다. 회사의 입장이어서 직원들에게는 불평하지 말고 입력하라고 강요했지만, 동기부여가 되지 않기 때문에 지속되질 못합니다"

"ERP는 각 모듈이 톱니바퀴처럼 물려 돌아간다고 하셨습니다. 나 혼자 사용하는 모듈일 경우에는 2-3개의 데이터면 충분 하던 것이, 톱니처럼 물려 있어 다른 부서에서 꼭 필요한 데이터까지 포함하니 10개로 늘어나는 것입니다.

그 동안에는 이런 유의 데이터는 관리하지 않았었습니다.
그러나 ERP에서는 기본 데이터를 입력하고, 정확도를 유지하기위한 노력을 하는 것이 기본 업무가 되어야 합니다.

경영자나 실무자의 입장에서 나침반이 필요한데, 아주 다양한 나침반이 필요한데, 현장에서 나침반의 자료를 많이 넣어 주어야 한다는 것입니다."

"주찬미씨가 실무 경험은 없지만, 지난 1년 동안 서너 군데의 현장을 다니면서 간접경험하고 공부했던 내용입니다. '데이터의 중요성은 아무리 강조해도 지나치지 않다'라고 말하면 시험 준비하느라고 왼 영어 문장이 생각나서 다들 웃습니다. 그런데 정말 중요합니다.

예를 들어 주문서에 부품번호가 하나 잘 못 적혀 왔다든지, 크기가 잘 못 적혀 있다면 큰 문제가 되겠습니까?"

"신입사원이면 모를까, 1년만 지나면 별 문제 없을 거예요. 빨간 볼펜으로 고쳐 놓고 정상적으로 작업합니다"

"예 맞습니다. 내가 그 제품을 알 때는 전혀 문제가 되지 않습니다. 제 이름이 윤태형인데 제가 신분증이나 명함에 문태형으로 잘못 적혀 있다고 합시다. 저를 잘 아는 제 아내가 본다면 전혀 문제되지 않을 것입니다. 그런데 제가 설원전자 정문에 들어오면서 신분증을 제시 했다면, 정문에서는 저를 들여 보내주지 않았을 것입니다. 만일 문태형이란 범죄자가 수배 중이었다면, 제가 대신 잡혀갈 수도 있는 것입니다."

"교수님 방향이 좀 이상합니다. 지금 데이터 정확도의 중요성을 설명하고 계신데…"

"제가 아는 후배가 있습니다. 이 친구는 동기들 보다 대리를 2년 늦게 달았습니다. 과장도 아니고 대리를 말입니다. 이 친구 능력이 없었냐? 영어 TOEIC이 870점이었습니다. 1990년대 초에요.

이 친구는 군수물자를 생산하는 공장의 구매 담당이었습니다. K1이란 군용 차량 프로젝트 구매요원으로 뽑힐 때만 해도 동기들의 부러움을 받았었습니다.

군용차량이나 장갑차는 특수한 페인트를 칠해야 하는 모양입니다. 우리나라 지형에서 가장 잘 보이지 않는 숲의 색이 미국이나 유럽과 다른가 봐요.

이 친구가 특수 페인트를 주문했어요. 그런데 물건이 도착할 때 보니까 생각보다 훨씬 많은 거예요. 이상하다 싶어 보았더니 자신은 리터 단위로 주문했는데, 들어 온 물건은 갈론 단위인 것입니다. 카탈로그를 보았더니 갈론으로 되어 있는 거예요. 다른 것 모두 리터 단위 이었기에, 이 것도 당연히 리터인 줄 알았었죠. 그런데 갈론이 주문된 것입니다. 리터보다 세배 반 정도 많죠.

잉여 페인트를 처리하는 것도 골치아팠고 회사에 금전적 손해를 많이 보게 했죠? 당연히 그해 본인도 팀장도 평가가 좋지 않았습니다.

뿐만 아니라 가능한 페인트를 많이 사용하려면, 사용 유효기간을 늘여야 합니다. 기간을 늘이려면, 정기적으로 페인트를 뒤집어 줘야 합니다.

그렇잖아도 창고 일이 많은데, 창고 관리자들이 페인트 뒤집는 일을 팀장이 볼 때마다 속이 터지는 거죠.

한 번은 서울에서 사장이 와서 공장 순시를 하면서 페인트를 보고 왜 이렇게 재고를 많이 두느냐고 질책을 했습니다. 공장장, 팀장 모두 곤란스러웠죠. 웬만한 실수는 용서가 되고, 심한 경우 한 번 정도 고과에 영향을 미치는데, 이 친구의 실수는 두고두고 문제가 되는 거예요.

그 2년의 피 말리는 생활.
도대체 이 친구가 뭘 그렇게 잘못했습니까?
갈론을 리터로 잠깐 착각했을 뿐입니다."

"남의 일 같지 않습니다. 저희 공장에도 비슷한 경험들이 있습니다. 남을 위해 만들어 주는 데이터, 특히 그 사람이 판단할 수 없는 데이터는 큰 문제를 일으킵니다. 문제의 결과로 보이는 것은 빙산의 일각에 지나지 않죠. 정말 큰 문제는 수면 밑에 가라 앉아 있죠. 정말 데이터 정확도 유지는 기본입니다. 기본으로 돌아갑시다."

제8계명 사용자가 주인의식을 가져야 한다.

"6계명을 설명드릴 때 ERP를 아이와 비교하면서, 프로젝트 팀은 엄마, 사용자는 아빠라고 말씀 드렸습니다.
혹 여기에 댁의 아이들이 '내 아이가 아니라 애 엄마의 아이다'라고 말하는 분 계십니까?"

"요즘이야 그런 사람 있겠어요?. 우리 세대에서는 그런 기분이 든 사람도 있었을 거요. 우리 둘째 딸의 경우는 임신한 줄은 알았지만 사우디 갔다 휴가 나오니 애가 걸어 다니니까 순간적으로 내 아이 맞나 하는 생각이 드는 거야. 순간 반성 많이 했지. 아빠라는 게 그 동안 돈 번다는 핑계로 아무것도 않다가, 아빠라고 불러 주는 것만 해도 고마워해야 할 텐데… 이 무슨 방정맞은 생각인가 싶어서, 작은 아이에게는 의식적으로 각별하게 대해 주었죠."

"그러면 혹 여기 계신 분들 중에 'ERP는 전팀장거야. 전팀장이 설치했고, 가장 많이 아니 알아서 잘 키우세요.' 이러시는 분 없으세요?"

"전부 다 일 것 같은데요"

"그러면 그 분들은 집에 가셔서 아이들의 성을 엄마 성으로 바꾸시던지, 아니면 반성하시고 'ERP는 나의 시스템이다'라고, 설사장님이 둘째 따님에게 각별하게 대해 주듯, ERP를 각별하게 대하십시오."

"음 그것 심각하네요. 아버지 입장에서 보니 보통 심각한 문제가 아니네요."

"결론은 말씀드리면 시스템의 주인 의식을 가지셔야 한다는 것입니다. 특히 영업이 Leadership을 가지고 시스템을 구축해야 합니다. 시스템이 내 것이 아닌 특정인의 것이라고 한다든지, ERP는 프로젝트팀에서 알아서 꾸미세요 라는 말이 들리면 ERP 대신 자제 분들의 이름을 넣어 보십시오. '영식이는 내 자식이 아니라 제 엄마 자식이야. 그러니 엄마가 알아서 키우세요'"

제9계명 시스템을 회사의 법으로 명문화하고 지속적으로 발전시켜야 한다.

"시스템은 회사가 일을 하는 방식을 컴퓨터 프로그램화해 놓은 것입니다. 회사가 이를 이용해서 일을 하자고 결정했으면 회사의 법이 되는 것입니다.

먼저 ERP 사용하는 것을 회사 업무 기준에 명문화하십시오.
구체적인 것은 세부 절차로 명문화하십시오.
그리고 법을 지키지 않는 자를 문책할 수 있어야 합니다.

ERP를 사용하도록 되어 있는데 법을 따르지 않고 비정규 시스템에 의해서 ERP 밖에서 일한다든지, ERP를 부적절한 용도로 사용한다면, '과거도 못쓸 시스템이었지만, 새 시스템은 더 불편하다.'며 회사의 법을 비방한다면 분명히 문책하십시오.

대부분 일의 중심에 있는 분들이 새로운 시스템인 ERP를 사용하지 않으려 하십니다. 왜냐하면 ERP는 평등을 추구하는 시스템이어서 불편하고, 비정규 시스템은 기득권을 인정하는 시스템이어서 편하거든요."

"관리팀장. 자네와 나는 목 날아갔다. 허허"

"ERP가 기존 시스템보다 편하다면 사용하죠. 사용 않을 이유가 전혀 없죠. 그런데…"

"관리팀장님. 악법도 법입니다. 일단 수용하신 다음, 법을 발전시키십시오. 팀장님의 논리는 설원전자에 잘 맞는 ERP를 만드는 것입니다. 그러나 성공하는 많은 회사들은 ERP를 사용할 수 있는 조직으로 만들기 위해 노력합니다. 즉 설원전자의 조직과 일하는 방식이 ERP를 사용할 수 있는 수준으로 만드는 것이 더 중요하다는 얘기입니다"

"무엇을 만 말씀하지 마시고, 어떻게도 말씀해 주십시오. 법을 발전시키는 방법 말씀입니다."

"정기적으로 ERP의 시스템과 데이터, 사용절차에 대해 감리를 하는 것입니다. 감리란 말은 문제점을 발췌하고, 개선 방안을 제시함을 의미합니다.

정보시스템 만족도나 활용도, 그리고 ERP 사용자 수준을 점검하여 발전방안을 수립하십시오. 사용자 수준이 C급이냐 D급이냐 보다 A나 B급이 되기 위해서 어떤 계획 하에 실행하느냐에 중점을 두십시오.

이런 과정을 수년 거치면 ERP란 법도 많이 현실화 될 것이고, 사용자들도 법을 지키는 것을 넘어서 법을 잘 활용하는 수준이 될 것입니다."

제10계명 창의적이고 경험 있는 컨설턴트의 지도를 받아야 한다.

"지금까지 말씀 드렸던 계명들은 상당한 경험과 식견을 가져야 추진할 수 있습니다. 충분한 노하우를 배우기 위해 성공 경험이 있는 유능한 컨설턴트를 활용하는 것이 필요합니다.

ERP 자체의 활용을 위해서 경영계획에서부터 영업 및 운영계획, 주 생산 계획, 자재 소요계획 그리고 현장 계획까지 계획이 이루어져야 합니다.
이 계획을 만들기 위해 BOM을 만들고 파라미터를 셋업하는 등 많은 창의적인 작업이 필요합니다. 이를 어떻게 만드는 지에 따라 효과에 많은 차이가 있습니다.

ERP 프로젝트 비용의 구성을 보면 컴퓨터 장비 대 ERP 소프트웨어 그리고 컨설팅 비용의 비율이 1 대 1 대 3 정도 듭니다. 창의적이고 노하우에 해당되는 업무를 배워야 하기에 교육 및 컨설팅 비용이 가장 많이 듭니다."

"모두 경험이 많으면 좋겠지만, 우리 같은 작은 회사가 감당하기 어렵겠는데요"

"지도와 판단을 해 줄 컨설턴트와 실제 적용을 도와줄 컨설턴트의 레벨을 달리 가져가야죠."

"우리의 경우는 어땠었지?"

"1/3씩 골고루 들었습니다"

"상대적으로 컨설팅 비용이 적었다는 모양이군?"

"마지막에 비용을 줄일 때…."

"과거 우리나라의 일들의 약점은 대충 계획 세우고, 실천은 과감히 하며, 사후관리가 없다는 것이라고 합니다.
실천은 과감했으나, 실천과정에서 나타난 원인들을 파악하지 않았습니다. 앞으로는 계획에 강조점을 두고, 수립된 계획을 실행하기 위한 노력을 해야 할 것입니다."

"동의합니다.
계획부터 제대로 세워서 준비하고 실천하는 문화를 한 번 배우고 싶습니다.

교수님, 기왕 발을 담근 김에 저의 ERP 정상화를 위해 처음부터 진행할 수 있도록 도와주시지 않으시겠습니까? 저의 프로젝트 팀 구성부터 일의 마무리까지 지도해 주십시오.”

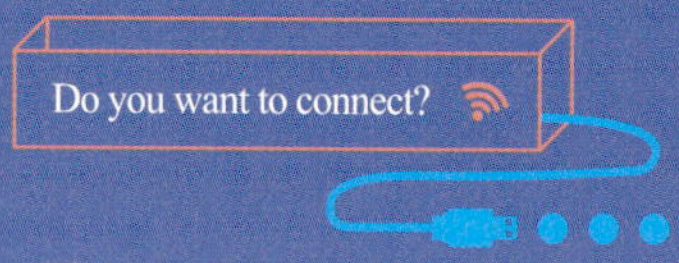
Do you want to connect?

Cloud ERP

Epilogue 내가 가진 것을 다른 사람과 나눈다.

"설대표~ 뭘 그리 골똘히 생각하고 있어?
내가 너무 늦었지? 다른 분들은?"

"아! 어서와요. 아직 아무도 안오셨어요.
여전히 멋지시네요. 백선배는."

"아직도 님자는 안붙이네… 다시 말해봐 백선배님!!"

"됐어요. 그정도 멋있으면 님자 안붙여줘도 되요."

"야… 내 평생 소원이자, 오늘의 소원은 설기원 대표에게 선배님 소리 들어 보는 것인데…"

"아 저기 전희민 사장님 오시네.
인사하세요. 여기는 설원전자 전희민 사장님, 여기는 백…
예 백승호입니다."

"아 전에 저희 회사 오셔서 조언해주셨죠? 씨앗 컨설팅 백승호 사장님."

"자 저기 자리로 가시죠?
설대표. 설장로님도 오신다했는데… 오셨어?"

"예? 아 작은아버님요? 아직요."

작은 아버님도 설원전자를 은퇴하신지 오래되었고, 후배들이 대를 잇다가 현재는 전산팀장이었던 전사장이 CEO이다. 다들 설회장이라 부르고 싶어하는데, 용납하지 않으니 마땅히 붙일 칭호가 없어서 전사장은 이렇게 부르는 모양이다.

"그럼 난 여기서 설장로님 기다릴께. 두 분 자리에 가서 얘기 나누세요."

"야… 설기원… 날 몰라봐도 되는거야?"

"아 민선배!! 몰라보는게 당연하지. 할머니가 이렇게 새파랗게 젊으니 내가 어찌 알아봐."

"칭찬이지?"

"또 싸워? 아직도 연애해요?"

영수와 달구가 들어섰다.

"야~. 역전의 용사들이 다모였네. 반갑소."

윤태형 교수님이 작은아버님과 함께 오시면서 인사하신다.
엘리베이트에서 만나 같이 오신 것같다.

작은 아버님이 가족 안부를 물으신다.

"예. 아내는 신나게 사역하고요, 애는 대학이 좋은가 봐요. 얼굴이 많이 폈어요."

"좋네. 배 고푸다 묵자.
오늘 밥 값은 내가 낸다."

"아니 장로님. 제가 내겠습니다."

"전사장… 니 회사카드로 하끼재? 공금횡령으로 내가 고발하모 우짤라꼬 그라노?
나도 설원전자 주식 100주 있단 말이다."

창업주가 회사 주식 100주밖에 없다고?
의외였지만 크게 놀랍지는 않았다. 작은 아버님이 퇴직할 때 주식을 회사 연구소와 직원들에게 나눠주었다는 말도 들었고, 충분히 그렇게 하실 수 있는 분이기 때문이다.

"아 그래도… 회사가 도움 받은 분들이고, 또 도움 받아야 할 분들인데… 주주들도 이 정도는 이해할 겁니다."

"자가 실세라꼬 옛날 사장 완전 무시하네…"

작은 아버님이 오랜만에 옛 동지들을 만나니 기분 좋아 흥분하신 모양이다.
공식자리에는 이러지 않으시는데, 완전 고향식으로 말씀하신다.

"아… 그러시면 제 개인 용돈으로 하겠습니다."

전사장에게는 작은 아버님이 여전히 어려운 모양이다. 저건 작은 아버님의 극도의 애정표시인데, 진지하게 대한다.

"아버지… 왜 좋은 분위기 망치세요?
경상도 식으로 하지 말라고 며느리가 신신당부 했잖아요?"

기철가 나선다.

"그랑께나 며누리 안볼 때 하능기지. 니 집에 가서 일러 바치지 마라.
아~ 옛날이 좋았다. 나도 한 때는 좋은 사람 소리 들었는데, 우짜다가 박사 며느리 한

테는 밉보였는지…

기원아. 니 처는 안그러재?"

"아이 작은아버님. 제수씨가 작은 아버지 얼마나 존경하는데요?"

"존경하는 거하고 간섭하는 거하고 같은 말이가?"

"여전하십니다. 설장로님."

"야 들이 아직 멀었어요. 말귀를 못알아들어. 애정인지 핀잔인지…"

"그러게 말입니다.

이 친구들 대학 때 사장되면 저에게 자동차, 유람선, 별장 등등 선물 준다고 큰소리 뻥뻥 쳤거든요.

아직 아무에게 아무 것도 못 받았어요.

설기원군 자넨 뭘 준다했지?"

"교수님도 기억 못하는 것을 제가 어떻게 기억해요?"

"저저… 고얀… 학생 때 D를 줬어야 했는데…"

"교수님. 저 D+ 하나 받았었거든요. 결석 한 번도 않고요. 시험도 남보다 잘 쳤고요. 과제도 꼬박꼬박 제출했고요…"

와~하하하

"그럼 발전이 없었겠지. 자기 입장에서 썼든지. 아니면 자기 혼자 좋은 점수 받으려고 했든지…"

와~하하하

작은 아버님만 찬물도사가 아니다. 윤교수님은 한 번씩 바른 말로 찬물을 끼얹으신다. 내가 다음 말을 찾지 못하고 있을 때 민선배가 분위기를 바꾼다.

"설기원 그래도 사람 됐어요. 교수님.
작년에 KPICS 부회장 되었거든요.
그리고 캐치프레이즈를 내걸었는데…예술이었어요.
'내가 아는 것을 다른 사람과 나눈다!!'
칭찬 좀 해주세요. 교수님."

"그래서 내가 설대표를 찾은 거지.
다시 돈을 벌기 위해 다투는 경쟁사회가 아니라, 서로 잘 살아 가게 도와주는 상생사회가 이쪽 저쪽에서 시작되고 있구나. 그 한 쪽을 내 제자가 시작하니 기특하기도 하고, 옛 생각도 났었어."

교수님의 이야기가 끝나지 않을 것같은데, 잠깐 숨을 멈추자 작은 아버지가 거든다. 어떤 경우는 작은 아버지도 표준말을 쓰려 노력하신다.

"허허 기원이가 그렇게 기특한 일을 했다고…
여기 기철이, 기원이를 비롯해서 내 식구 같은 사람들만 있으니 한마디 할께요.
세상은 점차로 사고 파는 세상이 되어가고 있지요.
일한 댓가를 받는 것은 당연한 것이지만서도, 필요 이상으로 챙기는 것은 별로 좋지 않아요. 사람으로 치면 몸이 비대해지는 거지요.

그냥 남는 것은 대가 바라지 말고 줘버리고 또 남이 주는 것 공짜로 받으면 얼마나 좋아요?. 내 쓸만큼만 챙기고 또 흘려보내고.

세상은 구조적으로 가난할 수밖에 없는 가난 속에 사는 사람들이 있어요.
겉으로 보기엔 게을러서, 미련해서 가난한 것 같지만, 사실은 사회 구조가 가난하게 만든 거예요. 나도 거기 태어났으면 똑 같은 가난에서 벗어나지 못했을 구조적 가난인 것이죠. 이는 마치 질병과 같아서 의사의 도움이 필요해요. 그래서 질병적 가난이라 해요.

이런 곳은 우리 가진 사람이 조금 불편하게 살고, 덜 먹고, 덜 쓰고, 스스로 지금보다 10%, 20% 가난하기로 선택하고, 남은 10% 20%로 질병적 가난에 있는 이들을 도와주어야 해요. 우리가 6.25 폐허에서 일어설 수 있었던 것도, 이런 도움이 있어서 가능했어요.

그런데 세상은 꺼꾸로 돌아가서, 지식인들 조차도 자기 지식을 팔려고 해요. 지적 재산권이니 하면서 극도로 보호하죠. 그 결과 가난한 자는 배울 수 없고, 배우지 못하니 가난을 벗어날 수 없는 것이죠. 동서를 막론하고 세상의 지식인들은 자기 지식을 알아만 줘도 고마워서 위로는 충성하고, 아래는 양육했잖아요.

그래서 내가 가진 돈이나 재물을 필요한 사람에게 주는 것이 어렵다면
내가 가진 지식이나 정보라도 필요한 사람에게 주는 사회가 건강한 사회이지.

우리도 그렇게 삽시다.
기원아 파이팅이다.
작은 아부지가 기도해줄께.

전사장~"

"예! 장로님"

"잘해라. 니 자리 설기원이 노리고 있는지도 모른다."

"아버지 또~ 그러세요.
전사장님은 아버지 농담도 진담으로 들으세요."

"저 친구, 겉으로만 그렇지. 속으로는 넝구렁이다. 기철이 니보다는 고수다.

"아 예. 설기원 대표에게는 안 넘겨줘야 할 것같습니다.

우리 회사는 기업 비밀도 많고, 제품과 서비스를 팔아 이익을 남겨야 사회공익 사업도 할 수 있으니까요?"

와~ 하하

"칭찬받은 설대표에게 밥 사라 하려 했더니 안되겠네. 고수이신 전사장님이 사세요."

"감사합니다."

"일단 진지 드시면서 얘기 나누시고, 끝나면 본격적으로 오늘의 주제, Cloud ERP로 들어가겠습니다.

맛있게 드십시오."

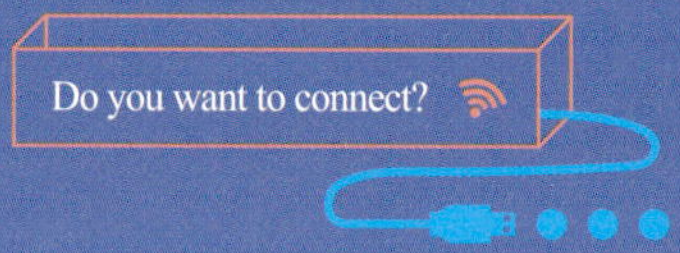
Do you want to connect?

2 PART

Cloud ERP
Do you want to connect?

01 Cloud ERP란

박계진

1. 개요

ERP시스템은 데이터와 정보를 기업 내외의 관련된 전 조직에 걸쳐 전달하고 공유하여, 기업 운영 전반을 지원하고 이윤 확대를 주 목적으로 활용된다. 기업은 기존에 단순 공장 증설이나 매출 확대 등에 투자를 집중해 왔지만 근래에는 투자에 대한 관점이 비용절감, 이윤확대, 의사결정 지원 등으로 바뀌었다. 따라서 ERP시스템에 대한 투자도 관점이 바뀌게 되었다.

ERP시스템은 기획, 생산, 재고, 구매, 지원 등 기업 내 단위 조직들간에 데이터와 정보를 기록, 수집, 통합, 전달, 관리를 통해 품질 향상, Time-to-Market 기간 단축, 리드타임 단축, 원가 절감, 생산성 향상, 원활한 소통 및 의사결정 등을 지원한다. 원가 절감은 고객에 대한 서비스 향상 및 시장 확대뿐만 아니라 기업의 이익에 기여하게 된다.

지금의 ERP시스템은 인터넷에 기반하여 공급업체, 파트너, 고객 등을 기업과 연결하여 소통, 협업이 가능하게 하며, 원자재에서 최종 제품에 이르기까지 기업 내/외부 전반에 대한 물류 흐름을 추적 가능하게 해준다. 대부분의 기업은 ERP시스템 도입시 소프트웨어 라이선스 비용만 고려한다. 하지만 하드웨어, 설치비용, 운영 및 훈련비용 등도 고려해야 한다.

기업의 규모가 커지고 성장함에 따라 ERP시스템의 비용도 증가하게 된다. 기업은 커져가는 시스템 비용에 대한 절감을 고민하게 되었고, 컴퓨터 자원에 대한 검토 및 기술 트랜드를 반영하여 클라우드 환경에 대한 활용을 받아들이기 시작하면서 클라우드 ERP가 도입되기 시작했다.

2. ERP 시스템

ERP는 기업 운영에 적합하도록 기업의 조직 기능을 연결하는 소프트웨어 시스템이다. 또한 기업 외부의 고객이나 공급자들까지 확대해서 연결시켜 주기도 한다. ERP 시스템은 기업의 표준 업무 절차를 지원하기 위해 통합된 모듈을 기반으로 기업 내 조직간 유기적인 운영을 지원하는 솔루션을 제공하는 주요 인프라이며, 단일 정보와 IT 인프라를 활용해 기업의 현재 비즈니스 상황을 가장 잘 나타내는 소프트웨어 패키지로 정의하고 있다.

ERP시스템은 초기 생산의 관점에서 시작하여 기업 내부의 프로세스 통합, 그리고 기업 외부의 기능까지 통합하는 방향으로 진화 발전되었다. Oracle, SAP, PeopleSoft, J.D Edward등 ERP 주요 벤더들은 기업 내 주요 기능들을 지원하는 방향으로 자신들의 소프트웨어를 발전시켜 왔다.

전통적인 ERP는 on-premise ERP와 hosted ERP로 분류 되었다.

On-premise ERP 시스템은 서버, 네트워크, 플랫폼, 컴퓨터 등 모든 인프라를 기업이 소유하고, 소프트웨어 라이선스 비용을 지불하면서 기업이 자체적으로 시스템을 운영하는 모델이다. 기업이 운영/실행비용, 관리비용뿐만 아니라 재난비용까지 책임지게 된다.

Hosted ERP시스템은 독립된 조직이나 업체가 제 3위 위치에서 별도의 서버를 기반으로 서비스를 제공하는 모델이다. 서비스 접근은 인터넷을 이용하거나 또는 전용선을 활용하기도 한다.

3. 클라우드 컴퓨팅

클라우드 컴퓨팅은 적은 운영 비용으로 자원에 대한 가용성, 확장성, 유연성을 제공하는 컴퓨팅 환경을 말한다. 기업이 인터넷을 통해 비즈니스 목적에 맞게 어플리케이션, 하드웨어, 소프트웨어를 서비스로 제공받는 방법이라고 할 수 있다. 예를 들면 아마존이 제공하는 Amazon Web Services는 사용자가 S3(Simple Storage Service)에 개인정보를 저장할 수 있게 하며, 데이터 사용량에 대해서는 EC2(Elastic Compute Cloud)를 통해 탄력적으로 변경이 가능하게 해준다.

기업의 비즈니스에서도 이와 같은 서비스 모델의 적용이 가능하다. 이 경우 초기 투자 비용을 줄일 수 있고, 새로운 서비스를 출시함에 있어 기간을 단축할 수 있으며, 운영과 유지보수 비용을 줄일 수 있고, 가상화를 통한 효율성 증대뿐만 아니라 재해 복구를 간단하게 해결 해 줄 수 있다. 또한 스마트폰과 같은 모바일 환경에서의 시스템 사용이 가능하게 해 줌으로서 공간에 대한 제약을 없앨 뿐만 아니라 인프라 등 자원의 효율적인 활용이 가능하게 해 준다.

이러한 장점들로 인해 많은 기업들이 클라우드 컴퓨팅 환경으로 이동하고 있다. 클라우드 컴퓨팅은 인프라를 제공하는 데이터 센터 등 IT 산업에 새로운 비즈니스 모델을 창출 할 수 있는 기회를 제공하고 있다.

사용자 측면의 클라우드 컴퓨팅은, 전체 비즈니스 어플리케이션이 하나로 엮임에 따라 좀 더 나은 환경을 쉽게 제공해 줄 수 있기 때문에 기업은 적은 비용으로 고품질의 IT 서비스를 제공받을 수 있을 뿐만 아니라 중소기업도 저렴한 비용으로 대기업이 받고 있는 수준의 고품질의 IT 서비스를 받을 수 있다. 동시에 기업이 가진 IT에 대한 부담을 줄여주어 기업이 본연의 비즈니스에 집중할 수 있도록 지원한다.

4. 클라우드 컴퓨팅 인프라 모델

기업은 비즈니스 목적에 따라 클라우드 컴퓨팅의 사용 환경을 결정할 수 있다. 클라우드 컴퓨팅의 사용환경은 public cloud, private cloud 그리고 hybrid로 분류될 수 있다. 이 분류는 위치에 따른 분류가 아니라 public은 조직에 관계없이 인터넷 등을 통해 접근하는 경우를 이야기하며, private는 특정 조직에 할당되어 해당 조직에만 사용되는 경우를 말한다. Public의 경우 다양한 고객의 어플리케이션이 특정 카테고리로 묶여서 클라우드 서버에서 작동하여 고객의 인프라 이용에 대한 위험과 비용을 줄이는 목적으로 주로 이용한다. 이에 반해 private cloud는 하나의 고객을 대상으로 인프라와 어플리케이션을 지원함에 따라 보안이나 서비스 수준, 최상의 데이터 제어를 제공한다.

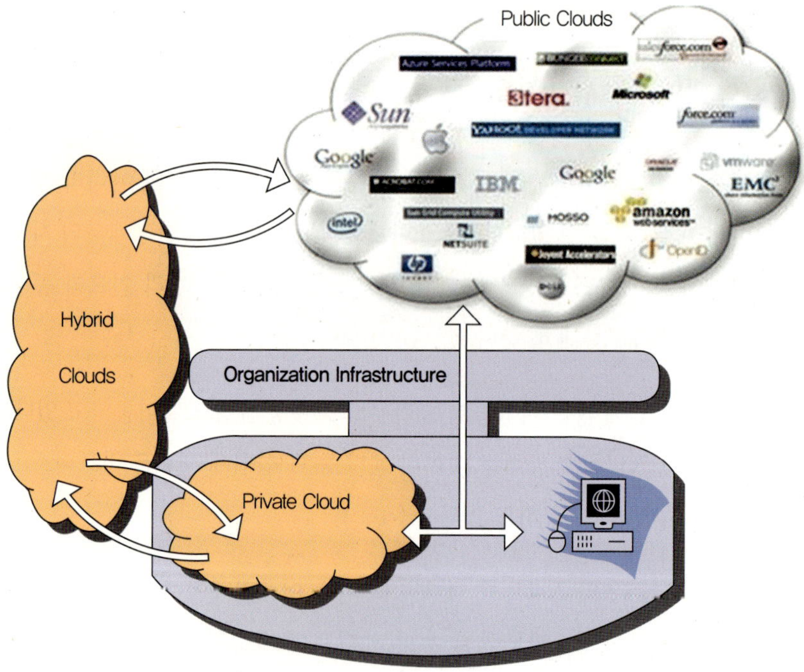

그림 1 클라우드 컴퓨팅의 종류

Hybrid는 public cloud, private cloud의 혼용으로 고객의 요구에 따라 부가적인 서비스를 제공한다. Private cloud의 서비스 수준이나 작업량 분산을 위해 Public cloud를 할당하여 지원하는 경우, 주기적인 시스템 작업 등을 지원하기 위해 public cloud를 활용하는 경우 등이다.

클라우드 컴퓨팅은 하드웨어에서 어플리케이션까지 제공되는 서비스 수준에 따라 Software as a Service (SaaS), Platform as a Service (PaaS), Infrastructure as a Service (IaaS) 등 세가지 모델이 있다.

A. Software as a Service (SaaS)는 최종 사용자나 비즈니스를 주 고객으로 하며, 인터넷을 통해 소프트웨어를 불특정 다수에게 제공하는 서비스로 Cloud ERP시스템이 이 범주에 속한다.

B. Platform as a Service (PaaS)는 SaaS 어플리케이션을 개발하기 위한 툴이나 서비스, 플랫폼 등 미들웨어를 소프트웨어 개발자에게 제공하는 서비스이다. PaaS는 주로 API 기능을 제공하므로 개발자는 API를 통해 그들이 필요한 서비스를 추가하게 된다.

C. Infrastructure as a Service (IaaS)는 서버, 저장공간, 스위치, 라우트 등 컴퓨팅 환경만을 제공하며 기업은 그들의 비즈니스가 성장함에 따라 필요한 만큼 지불하여 사용할 수 있는 서비스이다.

5. 클라우드 ERP

전통적인 ERP시스템에 비교해 클라우드 ERP 솔루션은 적은 비용, 빠른 적용, 새로운 비즈니스 가치 창출 등의 장점을 가지고 있다. 클라우드 기반의 ERP시스템은 사용자 측면에서 어떤 설치나 구성을 조작하지 않고 인터넷을 통한 브라우저만으로 사용이 가능해야 하며, 클라우드 ERP솔루션은 SaaS 모델의 형태로 제공된다. ERP시스템이 클라우드 컴퓨팅의 장점을 취하여 기업에 적용하고자 한다면 어느 수준의 클라우드 인프라를 도입하고자 하는 기업의 비즈니스에 적용할지를 고려해야 한다.

일반적으로 클라우드 ERP와 SaaS ERP(EaaS)는 다르게 구분한다. 클라우드 ERP는 인터넷을 통한 Hosted 서비스이다. EaaS 모델은 ERP시스템을 실행하는 전체 시스템이 클라우드에 존재한다. 따라서 EaaS모델에서는 사용료 방식으로 비용을 지불하게 된다. SaaS는 ERP 소프트웨어를 설치하기 위한 필요조건은 아니지만 좀 더 유연한 Cloud ERP를 구현하기 위해 필요하다. 클라우드 ERP에는 IaaS 기반 ERP, PaaS 기반 ERP, SaaS 기반 ERP가 있다. (그림 2 참조)

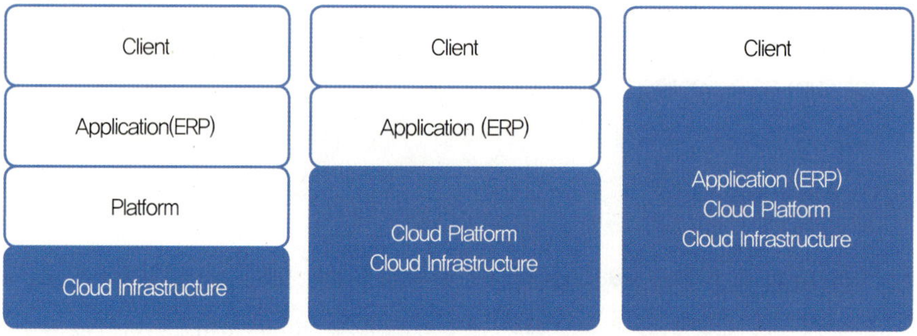

그림 2 Cloud ERP 유형 (Djohnson, "Different Types of Cloud ERP", May 26, 2010.)

A. 클라우드 ERP의 장점

- **초기 비용 절감** : 클라우드 컴퓨팅을 이용하면 기업이 ERP시스템을 도입하거나 새로운 클라우드 기반으로 이전할 때 초기 비용을 절감할 수 있다. 초기 비용에는 하드웨어, 라이센스, 설치, 사용자 교육과 커스트마이징 비용 등이 있다. 한 조사에 따르면 초기 비용이 전통적인 ERP시스템에 비해 30%~50% 정도 적게 소요되는 것으로 보고되고 있다. ERP 시스템 도입은 투자에 대한 고려, 비즈니스 프로세스와의 연계, 현재 사용중인 시스템 등 기업 전반에 영향을 주는 일이므로, 비교적 프로세스가 단순한 중/소규모 기업은 쉽게 클라우드 환경으로 전환할 수 있으나, 대기업은 현재 사용중인 ERP에 대한 대체 투자 비용, 전담 조직, 해당 기업에 특화된 시스템 사용, 보안 등의 이유로 쉽게 클라우드 환경으로 전환을 못하고 있다.

- **운영 비용 절감** : 클라우드 ERP 시스템을 이용하면 공간, 에너지, 유지보수, 업그레이드, 기타 IT 인력 등 운영비용을 줄일 수 있다.

- **신속한 설치** : 신속한 설치는 클라우드 ERP의 최대 강점이다. 경우에 따라서는 PC를 인터넷을 통해 연결만 함으로써 사용이 가능한 경우도 있다. 이러한 이유로 서비스 제공자를 쉽게 바꿀 수도 있으며, 새로운 비즈니스에 적용이 필요할 때도 적용시간을 획기적으로 줄일 수 있다.

- **확장성** : 클라우드 ERP환경에서는 자원에 대한 수요 변동성이 감소하고 인프라의 증설이 용이하다. 사업의 범위가 국내에서 글로벌로 확대 되는 등 사업 환경의 변화에 따른 인프라 자원의 적기 대응을 가능하게 해 준다.

- **핵심역량에 집중** : 클라우드 ERP를 활용하면 IT 부서의 자원을 인프라 및 시스템 관리에서 벗어나 IT 전략 등 핵심 역량에 집중할 수 있게 해 준다.

- **신기술 적용 용이** : 클라우드 ERP내의 각종 어플리케이션은 최신의 기술을 적용한 벤더의 솔루션 제공에 따라, 매번 신기술을 적용하기 힘든 기업환경에 최신의 기술을 적용할 수 있는 기회를 준다.

- **신속한 수정 및 향상** : 클라우드 ERP는 전통적인 ERP에 비해 새로운 기능을 빠르게 적용, 기능을 향상시킨다. 기업이 5년 이상 ERP를 사용하게 되면, 비즈니스 환경 변화와 사용자의 요구 사항 반영 등으로 시스템의 변경이 누적되어 운영 비용이 증가하게 된다. 이러한 운영 비용 대비 클라우드의 사용 비용이 적을 수 있다.

- **접근성, 사용성의 향상** : 모바일을 이용한 접근성 뿐만 아니라 사용자 편의성, 사용성 등이 전통적인 ERP에 비해 탁월하다.

- **시스템 가용성 및 재해복구 향상** : 대부분의 SaaS 업체는 정기적인 백업, 폴백, 복구 서비스 및 안정적인 전원공급 등을 제공하고 있어 문제 발생시 신속한 대처가 가능하다.

B. 클라우드 ERP의 단점

- **사용료** : 클라우드 ERP를 사용하면 사용료를 주기적으로 지불해야 한다. 이 비용은 전통적인 ERP를 사용 할 때의 투자 비용과 비교해보면 더 많이 들어가는 경우가 많다. 따라서 사용 기간에 따른 총 원가를 사전에 계산해서 비교해 보아야 한다.

- **보안 취약점** : 보안과 기밀 유지에 대한 취약점은 클라우드 ERP의 사용에 있어 가장 큰 고려사항이다. 특히 대기업 적용 시 보안의 문제로 인해 도입이 무산되는 경우가 많다.

- **성능 취약점** : 클라우드 ERP에서는 네트웍에 의존성이 높으므로 네트웍 가용성, 처리 속도 저하, 정전에 의한 데이터 전송의 제한 등의 문제가 발생할 수 있다.

- **제한적인 맞춤설정 및 통합** : 대부분의 클라우드 ERP 시스템은 기업 내에서 만든 시스템/어플리케이션과의 상호 운용성이나 통합에 대한 제한을 두고 있다. 또한, 전통적인 ERP 시스템에서는 추가적인 맞춤 설정이나 타 솔루션과의 통합이 가능하나 클라우드 ERP를 이용하면 불가능하게 된다.

- **전략적인 취약점** : ERP와 같이 중요한 시스템의 아웃소싱을 하면, 기업은 ERP서비스 벤더에게 종속되어 전략적인 취약점이 증가하게 된다.

- **법규준수 취약점** : 특별한 경우 IT 환경에 대한 표준이나 규약이 있는 경우 클라우드 환경이 이들 규제를 만족하지 못하는 경우가 있을 수 있다.

- **IT 역량 손실** : IT 지원의 핵심 영역을 아웃소싱 함에 따라, IT 담당 부서의 역량이 줄어들고 조직원의 역할 변경이나 이동 등 변화를 요구하게 된다.

- **기능적인 제한** : 클라우드 ERP의 성숙도는 전통적인 ERP 대비 떨어진다. 따라서 각 산업 영역별로 상황에 맞는 기능을 완벽하게 지원하지 못하는 경향이 있다. 또한 기존의 시스템과의 연계 등 복합적으로 사용할 경우에도 제약사항이 따른다.

- **SLA 문제** : SLA(Service Level Agreement)에 대한 문제는 서비스 제공자와 사용자간 명확하게 정의하기는 어렵다. 따라서 다양하게 발생하는 비즈니스 환경을 완벽하게 지원하지 못해, 실제 이슈 발생시 책임 소재 등의 문제를 잠재하고 있다.

이와 같은 단점에도 불구하고 (1) 서버나 IT자원을 구매/소유하고 싶지 않고, (2) 관리에 대한 이슈를 해결하고, (3) 복잡한 ERP시스템에 대한 쉬운 접근 및 경제적인 이익 및, (4) 경영진의 선택 등의 이유로 클라우드 ERP를 선택하는 기업이 늘고 있다.

6. Cloud와 전통적인 ERP 시스템의 비교

A. **프로세스** : 전통적인 ERP시스템은 기업의 서버에 시스템이 설치 되었다. 따라서 기업의 비즈니스 프로세스에 맞게 효과적으로 수정하여 사용할 수 있는 장점이 있다. 이와 반대로 클라우드 ERP는 일반적인 비즈니스의 흐름을 사전에 정의하고 이를 시스템에 구현하여 표준화된 형태로 사용한다. 대부분의 Cloud ERP 패키지는 다양한 표준 프로세스를 제공하여 고객이 자신의 환경에 맞는 프로세스를 선택하여 사용하게 한다. 하지만 한번 선택한 프로세스를 바꾸기는 어렵게 되어 있다.

B. **유지보수** : 전통적인 ERP시스템은 수정사항 발생시 배포와 유지보수에 어려움이 있다. 시스템의 주인이 사용 조직이라는 인식에 따라, 사용 조직의 요구조건에 따라 시스템이 수정되고 사용되기 때문이다. 이와는 달리 클라우드 ERP는 사용 조직이 아닌 솔루션을 제공하는 벤더의 지원계획에 의해 관리된다.

C. **네트웍** : 전통적인 ERP는 내부 망에 의해 접근이 가능하지만, 클라우드 ERP는 인터넷을 사용하게 된다. 따라서 인터넷 대역폭이 낮아지거나 기술적으로 멀어지면 문제가 될 수 있다.

D. **효율성** : 전통적인 ERP는 기업이 전체 시스템을 관리할 수 있어서 필요에 따라 다양한 구성을 할 수 있다. 또한 자사 내 시스템을 보유함에 따라 인터넷의 연결여부와 관계없이 시스템을 사용할 수 있고, 보안에 따른 문제점을 약화시킬 수 있다. 그

럼에도 불구하고 전통적인 ERP시스템은 초기 시스템 구매 비용, 값비싼 하드웨어와 시스템 연결을 위한 케이블 설치 등 초기 비용이 많이 소요되며, 운영 중 비용이 절감되어 전체 비용이 줄어들 수도 있다. 또한 운영을 위한 IT 전문가가 필요하며, 수정사항 등 유지보수에 대한 전담 인력이 상주해야 한다. 비용과 사용성 측면에서는 클라우드 컴퓨팅이 아직은 믿을만하고 성숙한 서비스 모델은 아니지만, ICT 서비스를 제공하는데 따른 인프라 비용절감, 업무에 신속하게 적용할 수 있는 장점, 시장환경 변화 대한 빠른 대응 등을 장점으로 강조되고 있다.

이상의 비교를 요약하면, 제한된 자원을 운용하는 중/소형 비즈니스 상황에는 클라우드 ERP를, 충분한 자원과 지원이 가능한 대기업 비즈니스 상황에는 전통적인 ERP시스템의 도입이 최상의 선택이 될 수도 있다.

7. 마무리 하며…

ERP도입은 기업 경영에 매우 중요한 요소이다. 어떤 벤더의 솔루션을 선택하는가에 따라 기업의 경쟁력이 좌우 될 수 있기 때문이다. 기술이나 IT의 흐름이 클라우드로 변한다고 해서 무조건 클라우드 시스템을 사용하는 것도 현명한 선택은 아닐 것이다.

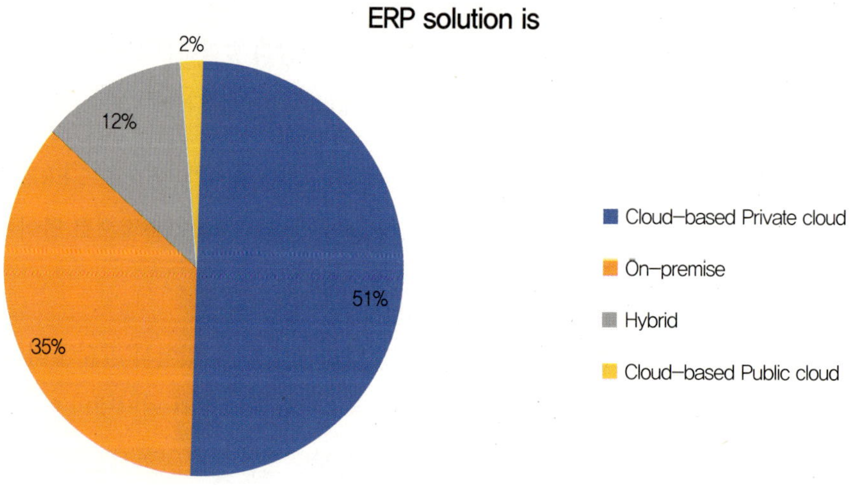

그림 3 ERP Solution is not all clouds

한 조사에 따르면 (그림 3)과 같이 기업은 비즈니스 환경에 맞게 클라우드를 이용하고 있다. 자신의 기업 내 비즈니스 프로세스를 클라우드 ERP의 장단점과 비교하여, 기업에 맞는 클라우드 환경과 솔루션을 이용하는 것이 중요하다. 또한 전체 시스템의 클라우드 적용보다는 영업, 고객지원 등 표준화된 프로세스를 기반으로 클라우드 환경에서 활성화된 서비스를 우선 적용한 후 전체 시스템으로 확대하는 것도 좋은 방법이 될 것이다.

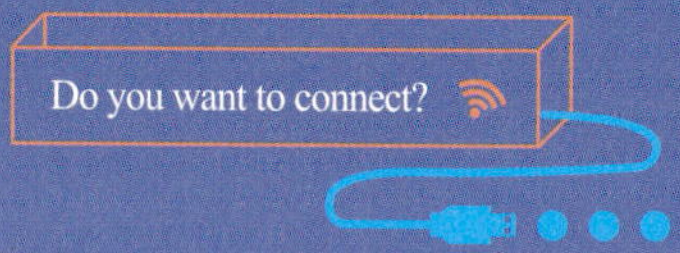
Do you want to connect?

02 Cloud ERP 구축에 있어서 성공이란?

김종일

클라우드 ERP는 클라우드 컴퓨터 운영환경 하에서 운영되는 ERP로서 컴퓨터 오퍼레이팅 시스템의 발전에 따라 나온 ERP 시스템이다. 컴퓨터 운영환경 즉 오퍼레이팅 시스템은 OS, DBMS, Network 등의 차원에서 여러 단계를 통해 발전해 왔다. 과거에는 제한적인 자원 하에서 ERP를 구현했다면, 클라우드 ERP는 컴퓨터 자원이 공유되고 보안이 강화된 환경하에서 언제 어디서나 ERP를 사용할 수 있도록 하는 컴퓨터 기술 발전의 산물이다.

그러므로 클라우드 ERP는 컴퓨터시스템 운영의 측면에서의 개선이지, ERP어플리케이션 부분의 문제점을 해결할 수 있는 것은 아니다. 만약 ERP가 성공적으로 구축되어 운영되고 있다면, 이를 클라우드라는 더 발전된 컴퓨터 환경에서 운영할 수 있게 해 줄 수는 있으나 (예를 들면 어떤 회사가 지역별로 ERP를 별도로 운영하고 있을 경우 클라우드(cloud)로 통합하여 하나의 시스템으로 갈 수 있도록 하는 것), ERP를 성공적으로 사용할 수 있도록 하는 것은 아니다. 즉 ERP운영에서 항상 이슈가 되고 있는 문제들(MRP 운영, 생산 오더 생성, 자재 자동발주 등)을 해결해 주는 것은 아니다.

본고는 클라우드 ERP에서도 ERP의 성공을 위해 반드시 필요한 것들을 컴퓨터시스템 관리자의 입장이 아니라 ERP사용자 혹은 ERP구축/개선의 관점에게 도움이 되는 기본을 기술하고자 한다.

많은 사람들이 새로운 ERP 시스템을 구축하면 기업은 뭔가가 좋아질 것을 기대하는데, 막연히 뭔가를 기대할 것이 아니라 ERP를 통해 성취해야 할 목표를 명확히 하고 이를 달성하도록 해야 한다. ERP시스템을 도입해서 얻고자 하는 목표는 기업마다 생각하는 관점에 따라 매우 달라질 수 있지만 여기서는 ERP가 가지고 있는 본질에 비추어 ERP를 하는 모든 기업이 반드시 달성해야 할 목표를 기술한다.

첫째, ERP의 목표는 성과목표가 아니라 기업 체질 개선목표가 되어야 한다.

ERP를 도입하는 기업에서 ERP 목표를 정할 때 가장 많이 오류를 범하는 것이 성과목표를 ERP 목표로 정하는 것이다. 예를 들면 매출 증대, 이익 증대, 생산성 향상, 원가절감, 재고감축 등이다.

성과에는 ERP 뿐 아니라 무수히 많은 요인들이 영향을 미친다. 매출 증대, 이익 증대는 물론이거니와 원가절감 등에도 ERP 이외에 많은 요인들이 영향을 미친다. 이렇기 때문에 이런 성과 목표를 가지고는 ERP의 성공 여부를 알 수가 없다. ERP를 매우 성공적으로 했는데도 불구하고 성과목표에 대한 달성도 보다 낮아질 수 있고 반대의 경우도 있다. ERP는 기업의 업무방식을 개선해 체질을 강화시키는 것으로 성과와는 직접적인 연관이 없다. 물론 기업체질이 강화되면 성과가 나타나겠지만 성과목표는 ERP 성공여부를 판단하는 근거가 될 수 없다.

기업체질개선을 측정할 수 있는 것 중 대표적인 것이 자재 자동발주율, 지시대비이행율 등과 같은 것이며 이에 대한 목표는 ERP 성공여부와 직결된다.기업 체질개선 목표는 여러 가지 면을 강화시키는 것도 있지만 지시대비이행율과 같이 기대하는 것과 실행하는 것의 격차를 줄여 안정적인 경영환경을 조성하는 것도 있다.

둘째, ERP를 기업 업무의 메인 프로세스에 사용토록 해야 한다.

여기서 기업 업무의 메인 프로세스란 영업, 생산, 구매/자재, 원가, 회계 등의 업무를 말한다. 이 메인 프로세스에 ERP를 사용한다는 것은 기업 환경과 보는 관점에 따라 매우 다르게 해석될 수 있고 사용하는 모습도 매우 다양할 수 있으나 최소한 ERP를 반드시 사용해야만 하는 것을 대상으로 기술한다.

ERP 관점에서 영업부문은 독립소요량을 결정하는 부문이다. 독립소요량이라는 것은 고객으로부터 주문을 받아 요구된 소요량 또는 판매계획에 맞추어 요구된 소요량으로 이 두 가지 데이터는 생산, 구매, 물류 등의 업무에 근원이 되는 데이터다. 영업부문에서는 이 독립소요량을 반드시 ERP에 생성시켜야 한다. 또한 고객으로부터 주문을 받아 생성되는 수주(주문)오더는 반드시 ERP의 수주오더 데이터로 등록이 되어야 한다. 한편 독립소요량을 생성시킬 때는 실행 가능성을 체크할 수 있는 방법이나 기능(CTP, ATP)이 확보되어 있어야 한다.

ERP 관점에서 생산부문은 영업의 독립소요량을 요구에 맞추어 생산해 제공하는 것이다. 이를 위해 독립소요량을 전개해 생산 각 공정에서 생산해야 할 물량과 납기를 정하기 위한 MRP(Material Requirements Planning)를 운영해야 한다. 또한 MRP의 결과로 나온 **계획오더**로 **생산오더를** 자동으로 생성해 각 공정에 생산지시를 해야 한다. **생산오더를** 이런 방식과 절차대로 생성하지 않을 경우 ERP는 성공할 수 없다. 영업의 요구에 모든 생산 공정이 일관성 있게 대응할 수 없으며 생산 결과를 평가할 수 있는 잣대를 잃는 것이기 때문이다.

ERP 관점에서 구매부문은 생산에서 요구된 자재를 요구에 맞추어 공급하는 것이다. 생산에서의 자재 요구는 생산에서 사용하는 MRP의 결과로부터 동일한 방식으로 얻어지게 되므로 구매부문에서도 MRP를 사용해야 하며 구매오더도 MRP의 결과로 생성된 계획오더로부터 자동으로 생성해야 한다.

ERP 관점에서의 원가부문은 영업, 생산, 구매 업무가 수행되면서 자동으로 원가가 계산되어지기 때문에 원가계산부분은 통상적으로 특별한 이슈가 없다. 그러나 원가를 경영관리에 활용하는 면에서 보면 ERP 원가를 사용하는 경우가 드문데 경영관리에 ERP 원가를 반드시 사용해야 한다. 일반적으로 관리는 어떤 일이 사전에 정해진 대로 혹은 예상한대로 진행되도록 하는 것이며 ERP에서는 지시된 오더(생산오더, 구매오더 등)와 그 오더의 실행 결과와의 차이를 줄여 나가는 것이다. 원가관리도 생산오더를 생성할 시점에 목표했던 원가와 실행한 결과로 생성된 실적원가와의 차이를 분석해 그 차이를 줄여나가는 것이다. 이것은 **생산오더를** 수행하는 생산현장의 작업자가 **생산오더의** 원가차이정보를 보면서 스스로의 행동을 개선해야 달성할 수 있는 것이다. 이 차이가 없어진다면 경영계획의 정확도가 높아지게 되어 예측경영을 할 수 있게 된다. 또한 차이가 없는 상태가 된 이후에는 새로운 개선 목표와 방법을 찾는 개선활동을 함으로써 기업이 지속적으로 경쟁력을 강화할 수 있게 된다.

ERP 관점에서의 회계부문은 물과 재가 일치된 환경을 제공하기 때문에 ERP 이외의 다른 시스템을 사용하는 경우는 거의 없어 별다른 이슈가 없는 부문이다.

셋째, ERP에 실적 데이터는 실시간으로 입력되어야 한다.

위에서 언급한 바와 같이 ERP가 메인 업무에 사용되기 위해서는 현장의 작업자에게 정확한 정보가 제공되어야 한다. ERP에 있는 재고데이터가 작업자가 보는 순간에 실물과 일치하지 않는다면 작업자는 ERP의 정보를 가지고 일을 할 수 없게 된다. 작업자는 일하는 과정에서 언제든지 ERP 정보가 필요할 수 있기 때문에 ERP에 기록되어 있는 데이터는 실시간으로 정확해야 한다. 실시간으로 데이터를 맞추기 위해서는 물건이 움직이는 모든 경우 실시간으로 데이터를 입력해야 하고 이렇게 할 수 있도록 환경이 조성되어야 한다. 바코드, QR 코드 등을 활용하여 데이터가 자동으로 수집될 수 있게 하거나 데이터를 입력하는 업무가 생산하는 활동과 동일하게 다루어지도록 모든 여건을 조성할 필요가 있다. ERP의 모든 데이터는 이를 사용하는 작업자가 정확한 데이터를 유지할 수 있게끔 하여야 한다.

넷째, ERP에 의해 경영관리가 되도록 해야 한다.

ERP는 기준정보에 미리 정해 놓은 표준과 룰을 반영해 만든 오더(생산오더, 구매오더 등)를 작업 현장에 지시를 하고 이 오더들을 실행한 결과 데이터를 입력해 지시한 것과 실행한 결과를 같은 페이지에 같은 잣대로 비교해 볼 수 있도록 되어 있다. 따라서 이것을 이용해 경영관리를 해야만 실질적으로 업무를 개선할 수 있다. ERP 이외의 다른 방법으로 경영관리를 한다면 문제를 발견하거나 문제를 해결하는 방법이 엉뚱해 질 수 밖에 없다. 왜냐하면 모든 업무가 ERP에 의해 지시되고 실행 결과가 ERP에 실시간으로 수집되어 있으며 이 정보들이 ERP 레포트에 의해 제공되고 있기 때문이다.

다섯째, ERP에 의해 각 조직이 평가 되도록 해야 한다.

ERP에 기록되어 있는 데이터에는 기본적으로 각 조직의 실적을 평가할 수 있는 요소들의 목표치과 실적들이 있다. 이 요소들 중에서 선택하여 조직을 평가하는 것이 객관적이고 정확한 평가라 할 수 있으며 이 평가의 결과는 ERP를 각 조직에서 보다 활발하게 사용할 수 있는 계기를 만들어 준다.
예측한 것이 실행되어 예측과 똑 같은 결과값이 나오게 하는 것이다. 표준 값으로 예측한 것과 표준 값으로 지시한 결과가 일치한다면 앞을 내다볼 수 있는 경영을 할 수 있다. 위에서 언급한 바와 같이 수 십년 동안 ERP가 사용하는 H/W와 S/W는 많이 발전했지만, ERP의 근간은 변함이 없다. 즉 ERP를 제대로 구축하거나 사용하기 위해서는 기본에 충실해야 한다는 것이다.

본인은 그동안 삼성을 비롯한 많은 업체에서 ERP 프로젝트 매니저 혹은 컨설턴트로 활동하면서 경험한 결과를 정리해 본다.

1. 더 이상 볼 필요 없는 상태의 ERP

대부분의 회사에 가보면 ERP를 구축했다고 하지만, 몇 가지를 점검해보면 더 이상 보지 않아도 'ERP를 재 구축하십시오' 혹은 '업무 프로세스를 정비하십시오'라고 권면할 수 있는 경우가 있다. 이는 Cloud ERP를 구축하는 경우에도 이런 상태의 ERP를 구축하면 안 된다는 가이드가 될 수 있을 것이다.

1) BOM 데이터를 실무에 쓰지 않으면서 ERP를 한다는 회사

ERP는 오더(생산지시, 구매지시)에 의해 수행되는 시스템이다. 이 오더는 MPS와 BOM과 재고로부터 계산되어 나온다. 그런데 BOM을 구축하기 어렵거나, 너무 자주 바뀐다 거나, 수가 많다는 이유로 사용하지 않는다면, 이는 ERP가 아니라 ERP S/W 패키지를 비싼 돈 들여 사다가 리가시 시스템과 같이 사용하는 것이다. 좀 더 심하게 표현하면 리가시 시스템을 사용하는 것보다 훨씬 못한 것이다. 왜냐하면 사용하지도 못하는 ERP S/W 패키지가 업무에 방해를 주고 있기 때문이다.

이 경우 ERP에 입력해줘야 할 것은 많으나 ERP가 제공해주는 것은 기껏해야 회계 결산 용 리포트 수준이다. 엄청난 돈과 시간과 노력을 투입하여 ERP S/W 패키지에서 결산 데이터가 나온다고 자랑하는 용도로 밖에 볼 수 없다.

2) ERP의 핵심인 MRP를 사용하지 않는 회사

대부분 회사가 MRP 작업을 수행은 한다. ERP에 반드시 하도록 되어 있기 때문이다. 그러나 재고 balance가 보장되지 않는 상태에서 ERP를 사용하기 때문에, ERP를 통한 업무진행을 기대하기 어렵고, ERP를 통한 관리는 전혀 기대할 수 없다. BOM을 사용하지 않을 때와 마찬가지로 ERP를 통해 회계 결산서를 받을 수 있기 때문에 회계부서는 성공적으로 ERP를 도입했다고 평가하기도 한다.

3) 주문 받을 때 ATP 또는 CTP 체크를 하지 않는 회사

고객의 주문이 납기 내에 제공될 수 있는지, 안된다면 언제쯤 될 수 있는지를 판단해 줄 수 있어야 한다. 납기 약속을 정확히 하지 못하면, 납기 지연 시 독촉을 위한 후속 조치와 문제해결 업무가 복잡하고, 공장 전체를 흔드는 과중한 부하가 된다. 이 경우 목소리 높은 사람의 일을 먼저 하는 비정규 프로세스가 가동될 확률이 높다.

2. ERP성공 전제 조건

ERP를 성공적으로 사용한다는 표현에는 여러 요소가 관계되지만 가장 먼저는
'ERP 스탠다드를 그대로 수용해야 한다'는 것이다.
ERP는 전체가 하나의 구조체로 되어 있어, 서로 영향을 주면서 운영되는 시스템이다. 인체의 각 기관들과 비슷하게 ERP의 각 모듈들은 각각 독립적으로 기능을 발휘하지만, 타 기능과 유지적으로 영향을 미친다. 어느 한 부분을 손대면 다른 부분에 어느 정도 여향을 미칠지 알 수 없을 정도로 복잡하다. ERP 설계자나 개발자 조차도 전체를 알 지 못한다. 그러므로 사용하는 회사가 한 부분을 변경하면, 그로 인해 다른 부분에 문제가 발생할 개연성이 높다. 이는 상당히 시간이 지난 후에 발견될 수 있다. 마치 암 세포가 만들어지는 것과 같이 점차 커져서 결과적으로 죽음에 이르듯이 조그만 변경으로 인해 ERP가 죽을 수 있다. 그러므로 ERP SW 자체를 변경해서는 안된다.

여기서 말하는 ERP란 패키지 공급사에 의해 엄격하게 관리되고 있어, 신뢰도가 있는 SW를 말한다. 전체적인 유기체로 설계된 것이 아닌, 이름만 ERP를 붙이고 있는 SW들은 이 이론에 해당되지 않는다.

ERP 패키지에 따라 커스트마이징이 허락된 부분이 있다면 그 범위 내에서 해야 한다. 예를 들면 특정 데이터 값을 만들어 입력할 수 있는 Exit routine이 개방된 경우는 있다. 그러나 기본적으로 로직과 연결된 것은 수정이 허락되어 있지 않다.

물론 개방된 Exit routine 아닐 경우에도 데이터 값을 외부에서 만들어서 입력해 주는 것은 가능하다. 특히 BOM, Routing에 관한 표준데이터를 쉽게 만들어 주는 프로그램을 개발하는 것은 권장한다. 엔지니어링 부서에서 Spec데이터를 만드는데, 이를 BOM으로 자동화 하는 것은 거의 모든 기업에서 갖추고 있어야 한다. 이는 생산 결과를 Bar code 스케너로 입력할 수 있도록 자동화 하는 것과 같은 차원이지 ERP로직에 관련된 것은 아니다.

3. 두 CEO의 ERP 평가

동일한 제품을 생산해 판매하는 두 기업의 CEO가 한 말을 소개하고 싶다.

CEO A

우리 회사의 ERP는 계륵입니다. ERP를 구축하면 회사의 업무처리방식이 선진화되고 여러가지 성과를 낼 것으로 기대하고 많은 투자를 했으나, 결과를 보면 실제 ERP를 사용하고 있는 현장 실무자들에게는 ERP가 업무에 도움을 주지 못하고 있습니다. 반면 ERP로 업무를 하는 것이 어렵고 복잡하며, 문제가 있으면 예전에는 사용자가 원하는 대로 변경할 수 있었으나 ERP는 마음대로 변경할 수도 없고 내용도 잘 알지 못해 문제가 발생하면 대처하기가 어렵습니다.

각 부서에서는 업무를 이중으로 해야 하는 등 업무가 더 복잡해지고 어려워졌다고 하소연하고 있고, 경영적인 면에서도 성과 보다는 매월 발생하는 ERP 운영 비용 부담이 더 커지고 있습니다. 비용대비 효과면에서 보면 당장 버리고 싶으나, 투자한 것이 물거품이 된다는 것을 받아들이기 어렵고, ERP가 기업 경영에 중추적인 역할을 담당하는 것이라는 말은 익히 들어왔고, 어떤 기업은 ERP를 통해 성과를 많이 보고 있다는 보고서도 있어, 막연한 기대감에 ERP를 버릴 수도 없는 곤란한 지경에 빠져 있습니다.

CEO B

우리 회사는 ERP를 해서 아주 많은 성과를 보고 있습니다. 재고도 많이 줄고 생산성도 높아지고 종업원들도 만족하고 있어 대성공이라고 생각합니다. 이 ERP운영체계는 우리 그룹의 글로벌 스탠다드로 채택되어 세계 각 국의 공장에서 이를 사용하고 있습니다.

동일한 제품, 동일한 시장에서 경쟁을 하고 있는 두 회사가 동일한 ERP를 구축했는데 결과는 정반대로 나타나고 있다.

4. ERP 성공에 대한 잘못된 평가

ERP가 성공했는가에 대해 많은 관점이 있을 수 있다.

ERP를 약속한 시간과 비용 범위 내에서 구축해 오픈했다면 이것을 성공이라고 보는 경우도 있다. 기업이 ERP 구축 후 성공했다고 자축하는 것을 보면 이런 관점에서 일 경우가 대부분이다.

또한 ERP를 구축해 회계마감이 정확해지고 시간이 단축된 경우도 성공이라고 보는 경우도 있다. ERP구축 이전엔 회계 결산이 회사내 최대 관심사인 경우도 많기 때문이다.

이런 면에서 평가를 한다면 거의 대부분의 기업이 ERP를 성공했다고 할 수 있다.

특히 ERP 구축에 참여했던 사람들이 통상 구축하는데 고생을 많이 하기 때문에 어떻게 하든지 본인들이 구축한 ERP가 실패보다는 성공했다고 자평하는 것은 어떤 면에서 지극히 당연하다고 볼 수 있다.

다른 한 편으로는 ERP를 도입해서 무엇을 달성해야 하는가에 대한 정확한 정의가 없이 ERP를 구축하는 경우도 성공을 착각하는 경우다.

물론 거의 모든 ERP 구축 프로젝트에서 ERP 구축 목표를 정의한다. 그러나 이 구축 목표가 ERP를 통해서 반드시 달성해야 할 목표들이 생략되어 있거나 ERP를 통해서는 얻을 수 없는 목표를 세우는 경우가 많고 이로 인해 ERP를 통해 반드시 달성해야 할 목표가 달성되지 못해 실패로 이어지게 된다.

예를 들면 '재고자산 감축'이라는 목표는 ERP 구축 목표로 타당한가?
'재고자산 감축'이라는 목표는 ERP구축 목표로 가장 흔히 사용되는 항목이다. 그러나 ERP를 구축했다고 해서 그것 만으로 재고자산을 감축할 수 있는 것이 아니다. 재고자산을 감축할 수 있는 프로세스와 시스템이 가동되어야 하고 이를 잘 운영하는 과정에서 재고자산 감축 활동을 할 수 있고 그 결과로 재고자산을 감축할 수 있는 것이다.

좀 구체적으로 설명하면 재고감축을 위해선 기본적으로 MRP(Material Requirements Planning)를 제대로 운영해야만 한다. 따라서 이것이 목표가 되어야 하나 이를 목표로 하는 경우는 매우 드물다. MRP를 사용한다는 것은 너무나 당연한 것이기에 목표에서 언급조차 하지 않지만, 너무도 많은 기업이, 어쩌면 한국 기업의 대부분이 MRP를 사용하지 못하고 있다.

5. ERP 구축 사례

1) ERP에 의한 오더(생산오더, 구매오더) 발행

A사의 경우 BOM을 만들기 어려워 MES에서 생산 오더를 만들어 ERP로 보내주도록 설계되어 있었다. ERP가 오더를 만들어 MES에 주고 MES에서 작업 결과를 ERP로 보고해야 만 ERP의 다른 기능들을 제대로 사용할 수 있으며, 이를 통해 개선 단계로 갈 수 있다고 조언하였으나 받아들이지 못했다. 자신들의 업무 프로세스가 회사의 실정으로 보아 최선이라는 생각을 버리지 못했다.

작업 오더에는 회사가 정해 놓은 여러가지 표준과 루울들이 포함되어 있다. 작업지시를 ERP가 요구하는 절차대로 하지 않으면 정해 놓은 표준과 루울을 체크할 수 없다. 실행 결과를 보더라도 그 회사가 잘하고 있는지 무엇을 못하고 있는지 발견할 수 없다. A사는 ERP를 사용하기 위해 많은 노력을 했고, 효율화를 위해 보조

시스템까지 만들었지만, 업무 개선에 ERP를 활용할 수 없었고 ERP는 결산에만 사용하고 있었다.

B사의 경우 생산 오더를 생산현장 반장이 직접 만들어 사용하고 있었다. 식품이 주업종인 이 회사는 만드는 제품이 다양하고, 여러 공장에서 제품을 생산하고 있기 때문에 동일한 시스템으로 생산오더를 만들 수 없다고 생각하고 있었다. 할 수 있는 방법과 사례를 말해줘도 설득되지 않았다. 다행이 최고경영자들을 설득할 수 있어, 경영자의 지시에 의해 ERP 재구축 프로젝트를 진행할 수 있었고, 모든 공장의 생산 오더가 ERP를 통해 동일한 방법으로 발행하자 그 때서야 수용했다.

사실 많은 회사에서 ERP로부터 만든 생산, 구매 오더의 정확성을 신뢰하지 못한다. 그 이유는 BOM, 재고 등의 기준정보가 부정확해서이다. 그렇다면 기준정보를 정확하게 하는 방법을 찾아야 하는데, 당장은 오더를 만들어 지시를 내려야 하기 때문에 오더에 손을 댄다. 당장은 편해 보이지만, 회사의 시스템이 될 수 없다.

기업은 고객 오더 - 생산 오더 - 구매오더의 전과정의 연결이 보여야만 눈으로 보는 관리를 할 수 있다. 어딘가 수작업이 들어간다면, 이후 정보는 끊어져서 볼 수 없게 될 뿐만 아니라, 데이터의 정확성과 상호 연계성은 점점 떨어지게 된다.

2) ERP에서 만들어진 오더의 실행

오더가 ERP를 통해 현장으로 내려갔는데, 현장에서 오더가 잘못 되었다 판단하고 임의로 수정하거나 재발행 하여 운영하는 경우가 있다.

C사의 경우 MRP결과로 생산 지시하는데 생산 현장에서 임의대로 수정하여 사용하는 것이 일상화되어 있었다. BOM이 틀린 경우라면 BOM부터 고치기 어렵고 오더는 진행해야 하므로 어쩔 수 없다는 것을 이해할 수 있으나, 대부분 수량이 틀린 경우이거나 계획이 변경된 경우였다. ERP의 오더는 참고이고, 작업반장의 판

단에 의해 오더를 실행했다. 작업반장들은 오더를 수정하는 것이 본인들의 임무이자 능력이라고 생각하고 있어 설득되지 않았다.

MRP 결과로 만들어진 오더로 진행하면 재고 발란스가 유지되면서 진행될 수 있다. 그러나 임의로 수정하게 되면 재고 발란스가 깨어진다. 특히 MRP의 Firm Zone에서는 MRP를 다시 수행해도 이미 Firm되어 있는 데이터를 고쳐주지 않는다, 결과, 그 이후의 생산 계획들이 틀어지게 된다. MRP가 제시하는 생산 계획이 맞지 않으므로 또 오더를 수정하게 되다 보면 수작업이 더 편하다고 느끼게 된다. 이렇게 ERP시스템이 망가지는 것이다.

3) 실행한 결과 실시간으로ERP에 입력

E사의 경우 ERP 실적을 전표를 사용하여 입력하고 있었다. 생산 결과를 적어 놓고 있다가 모아서 입력해주는 체제였다. 입력자에 따라 어떤 이는 하루 한 번 입력했고, 어떤 이는 1주분 을 모아서 입력했고, 심지어 1개월 분을 모아서 한 번에 입력하는 경우도 있었다.

이렇게 하면 ERP가 보여주는 재고는 항상 틀린 상태가 된다. 실무자 입장에서는 재고 데이터를 보고 일할 수 없다. 그럼 별도의 재고 데이터과 관리되어야 하고, 다음 단계는 수작업으로 오더를 만들게 되는 악순환이 된다.

작업자들이 바쁘게 일하는 것을 보면 이런 상황은 충분히 이해가 되었다. 본인이 해결해 준 방법은 바코드가 장착된 MES 시스템을 구축하여 모든 결과가 실시간으로 입력되도록 해주었다. 즉 작업 결과 입력 자동화로 해결한 것이다. 상황에 따라 설비에 자동 스캐너를 부착하기도 했고, 작업자가 스캔할 수 있게도 했다.

ERP 성공을 위한 TIP

첫째, 마스터데이터 및 재고데이터 정확도 제고

오더를 자동으로 만든다는 것은 BOM과 재고 즉 기초 데이터가 정확해야 함을 전제로 한다. MRP 시절에는 마스터데이터의 정확도가 핵심성공요인(KSF:Key Success Factor)이었다. 그런데 ERP의 KSF에는 마스터데이터의 정확도가 들어있지 않다. 이 KSF는 ERP에서도 당연히 관리되어야 할 항목이지만 기본으로 보기 때문에 다루지 않은 것이다. 그런데 국내의 대부분의 기업에서 이것을 간과하고 있기 때문에 문제가 되고 있다.

MRP에서의 성공에 주된 요인은 BOM과 재고 데이터 관리 능력이다. ERP에서도 이와 같은 기본에 충실해야만 성공할 수 있다. 재고데이터와 기준정보의 정확도를 유지하기 위해 제안되는 활동은

1) Cycle counting
2) 자동 입력 장치를 이용한 실시간 정확도 제고
3) BOM, Routing자동생성 등이다.

1) Cycle Counting(순환 재고 조사)

재고 정확도를 높여야 하는 것은 누구나 인지하고 있는 상식이다. 이를 위해 사이클카운팅을 한다는 것은 수시로 재고조사를 하게 하는 것인데, 현장 작업자들은 생산하고 물건 운반에도 바쁜데, 수시로 재고조사 지시에 응해서 ① 재고를 조사하고 ② 결과를 ERP에 입력하고, ③ ERP와 현장 재고가 달랐을 경우 원인을 파악하고 ④ 개선하는 것이 추가 업무로 인식하게 되어 불만이 고조된다. 이를 극복하는 것은 Cycle Counting 업무도 생산이나 물자 이동 과

같이 통상적인 업무로 정의하는 것이 중요하고, 이것이 업무 시간 외의 부가 업무로 정의되지 않도록 해야 한다. 또한 교육과 훈련으로 이 제도를 정착해야 한다.

2) 자동 입력 장치를 이용한 실시간 정확도 제고

작업자에게 생산 결과 입력 부담을 줄여주면서 정확한 데이터를 입력할 수 있도록 하는 것이 필요하다.

E사의 경우 Bar code를 제품 포대에 부착시켜 이것이 자동으로 읽히도록 구상했는데, 초기에는 포대에 정확히 부착되지 않아 읽는데 많은 에러가 발생하였다. 여러 차례 시도를 한 결과 Barcode 크기도 조정했고, 부착 기계도 새로 설계하여 정확한 위치에 부착될 수 있도록 하여 생산 및 재고이동 데이터를 자동으로 입력될 수 있도록 하였다.

과거에는 어려운 기술 중 하나였지만, 지금은 여러 가지 기술이 발전하여, RFID등 보다 편리한 데이터 입력 기술들이 사용되고 있다.

3) 엔지니어링 부서의 Spec 데이터로 BOM, Routing을 자동생성

BOM은 MRP와 함께 등장한 생소한 개념이었다. 중요성을 듣기는 했으나 구현은 쉽지 않기도 했다. 특히 BOM데이터의 대부분은 기술과 자재에서 만들어지는데, 정작 사용하는 곳은 생산과 구매이기에 정확도에 대한 책임의식을 부여하기 어려웠다. 더욱이 프로젝트성(1회성) 사업이거나, 커팅플랜이 있어야 하거나, 플로우 생산 체계에서는 BOM(혹은 레시피)를 만들기 어려웠었다.

본인이 경험한 나이키와 하청 제조업체 간의 관계를 소개하고자 한다.

나이키에서 Spec을 보내주면, 제조업체는 그 Spec으로 생산지시를 하게 된다. 신발은 매 시즌 별 신제품이 나오기 때문에, BOM을 만드는 업무가 엄청 어려웠다. 이로 인해 만약 Spec을 받아 ERP에 직접 만들어 넣어야 한다면, BOM

을 만드는데만 시간이 엄청 걸려 납기 이행이 어렵고, BOM의 정확도도 보장할 수 없었다. ERP 사용이 좌절될 수도 있는 상황이었다.

그래서 나이키가 보내주는 Spec 데이터를 받아 BOM을 자동으로 생성시키는 시스템을 개발했다. 결과 BOM Structure가 부정확한 경우는 없었다. 단지 BOM 데이터 값을 정하는 것에 대해서는 사람의 판단에 따른 수정작업이 필요했으나, BOM Structure가 정확하기 때문에 BOM자체에 관한 문제는 없어졌다. BOM을 만드는 시간도 거의 실시간으로 만들 수 있었다.

본인은 PDM이란 SW가 나올 때 이런 기능을 해 줄 것이 기대했었다. 그러나 엔지니어링 BOM을 Product Structure로 만들려면, 반제품을 어떻게 할 것인지 공장의 생산 정책이 반영되어야 하기 때문에 일반화하지 못했다. 그래서 회사의 실정에 맞게 개발할 것을 권장한다.

둘째, ERP 운영 및 관리 제도화

관리업무는 실행의 정확도를 높이기 위한 활동이다. 실행의 정확도란 지시한 것과 이를 이행한 결과와의 차이를 말한다. ERP를 관리업무에 사용하려면, ERP에 있는 지시와 실행(이행) 정보를 사용해야 한다.

ERP에서 관리란 생산, 구매 오더(지시)가 ERP로 발행되고, 오더(지시)를 이행한 결과가 정확히 입력되어, 두 데이터의 차이를 찾아 그 원인이 무엇인지 발견하고 이를 해결하는 활동이다.

경영을 잘 한다는 것은 지시와 실행의 갭을 줄여 정확도를 높여 나가는 것이다. 지시와 실행의 갭이 줄었을 때 그 체제로 미래를 예측하여 지시하게 되면, 예측 = 지시 = 이행이 되기 때문에 미래경영을 할 수 있는 체계가 된다.

이를 위해

1) 지시대비이행율이 중요 지표로 관리되어야 한다.

통상 기업에서 사용하고 있는 지표는 계획대비 실적이다. 이 지시대비이행율 지표는 잘 사용되지 않고 있는 새로운 지표다.

계획대비 실적은 현장의 실행력을 측정하는 도구가 되지 못한다.

계획이란 계속 변경이 될 수 있기 때문에 이것과 실적을 비교하는 것으로 실행을 잘 했는지를 평가할 수 없다.

실행력이란 오더(지시)를 얼마나 정확하게 이행하고 있는가를 말한다. ERP에서 오더란 반드시 그대로 이행해야 하는 명령이다. 그렇기 때문에 오더대로 이행을 해야 하고 이를 얼마나 잘하고 있는지를 평가할 수 있도록 만든 지표가 지시대비이행율이다.

지시대비이행율은 다음과 같은 관점에서 만들어진다.

① 생산 지시일

② 생산 완료일

③ 리드타임

④ 생산 수량

⑤ 목표원가 등

아쉽게도 이런 관리를 하고 있는 기업은 매우 드물다. 특히 원가 목표를 관리하는 회사는 필자가 확인한 바로는 국내에 외국계 기업 단 한 곳이 있을 뿐이다. 대부분의 기업은 이런 관리 방법이 있는지조차 알지 못하는 실정이다.

F사의 경우 원가 목표를 관리하지는 못하지만, 수량과 일자는 잘 관리하고 있다. ERP 오더 데이터의 산포도를 분석한 결과, 산포가 퍼져 있을수록 생산성이 저하되었고, 산포가 중심점으로 모일수록 생산성이 높아졌음을 발견했다. 이는 생산지시 대비 이행을 정확하게 이행할수록 생산성이 높아진다는 것을 말하는 것이다. 지시대비 이행을 관리하기 전과 후는 거의 20%의 생산성 차이를 보였다.

2) 현장 작업자들이 지시 대비 이행의 차이(Gap)을 알 수 있도록 정보가 제공되어야 하며, Gap의 발생 원인을 스스로 찾아 낼 수 있도록 교육 훈련되어 있어야 한다.

원가를 줄이기 위해서는 작업자가 목표원가와 실적원가를 알고, 그 차이가 나는 이유에 대해 스스로 문제 발견하고 개선해 나가야 한다. 왜냐하면 원가에 직접적으로 영향을 주는 것의 대부분이 작업자들에게 있기 때문이다. 국내 기업들의 관행은 원가는 공개 되면 안되는 비밀이라는 인식이 강해서 원가 데이터를 현장에 공개하지 않는다. 작업자들이 알지 못하는 원가는 줄일 수가 없다. 원가에 연관되지 않는 개선은 일을 편하게 할 수는 있지만, 회사의 이익과 연결되지 않는다.

G사에서 근무하는 사람들의 원가 개선 사례를 보면 누가 뭐라고 하지 않더라도 점심 시간에 소등을 자발적으로 한다. 모든 사람들에게 자기가 속해있는 부서(코스트센타)의 원가요소별 목표를 알고 있고 실적도 알고 있고 이것으로 평가 받는다는 것을 알기 때문에 나오는 행동이다.

셋째 ERP는 평가에 사용되어야 한다.

국내에 ERP 데이터를 성과 평가에 직접 이용하는 경우는 매우 드물긴 하지만 실제로 이렇게 사용한 사례가 있어 모든 ERP를 사용하는 회사가 이 단계에 이르면 좋겠다는 바램에서 기술하고자 한다.

ERP를 통해 이익에 직접 기여하는 부분을 평가하는 방법은 영업, 생산, 구매를 각각 Profit Center로 규정하고, Profit center간 이동은 사내 거래로 처리하는 것이다. 즉 생산이 영업으로 납품하는 개념이다. 이 때 표준원가를 기반으로 사내 거래가를 정해서 생산에서는 판매가로 영업에서는 구매가로 기표하는 것이다.

기업은 각 조직이 기업 전체의 이익에 얼마만큼 기여하고 있는지를 평가하고 싶어했지만, 통상적으로 기업 이익에 기여하는 조직은 영업이라고 생각해 왔기에, 생산과 구매는 이익에 기여하는 부분을 평가하지 못하고, 간접지표(생산성향상, 구매 효율화)로만 평가해 왔다.

이런 고정관념을 깨고 이 기업의 경우 영업, 조립생산, 부품생산, 구매를 각각 별도의 Profit Center로 정의해 이익 기여도에 대한 평가를 정확히 하도록 했다.

통상 Profit Center는 영업부분을 대상으로 제품별로 하든지 지역별로 하고, 생산부분과 구매부분은 Cost Center로 정의하는데 이 경우는 생산부분과 구매부분을 각각 Profit Center로 정의한 것이다.

영업, 생산, 구매는 사내거래 제도를 만들어 거래가 이루어지는 개념으로 설계를 했다. 영업과 생산 간에는 제품에 대한 표준가를 정해 이 가격으로 생산에서 영업으로 판매를 했다. 생산과 구매 사이는 원부자재 표준가를 정해 거래하게 했다.

결과 영업에서는 생산에서 생산한 제품을 정해진 가격으로 구매해 판매함으로써, 생산원가에 영향을 받지 않고, 영업만이 기여한 이익을 정확히 산정할 수 있게 되었다.
생산은 정해진 가격으로 영업에 판매하니, 원가 절감을 한만큼 생산의 이익으로 표기가 되었다. 구매부분도 생산에 표준가로 공급하기 때문에 실제 구매 가격을 낮추게 되면 그 만큼 구매의 이익으로 표기가 되었다.

회사 전체의 이익은 영업이익 + 생산이익 + 구매이익이 되므로, 각 부분의 이익 기여도를 정확히 평가할 수 있다.

03 클라우드 ERP에 MP의 날개를 달자

주요섭

1. 클라우드 ERP시스템이란

클라우드 기반 ERP 시스템이 앞으로의 큰 방향으로 자리잡을 것 같다. 2천년대 초기에 닷컴 열풍처럼 은 아니더라도, 이제 ERP를 고려할 때 클라우드 기반의 ERP를 언급하지 않고서는 마치 어떤 큰 흐름을 따라가지 못하고 있는 것처럼 여겨진다.

클라우드와 결합한 ERP 시스템은, 일단 저렴한 가격과 유지비용을 무기로 하고 있다. 각 기업이 시스템을 설치할 각종 서버 및 하드웨어를 구입할 필요없이, 사용한 만큼의 비용을 지불하는 방식이므로 초기 투자 비용이 절감되는 것은 말할 필요가 없을 것이다. 또한 상대적으로 빠른 구축 기간, 최신 애플리케이션 버전 적용 등의 장점도 있다. 그리고 향후 시스템 및 하드웨어 유지 관리에 필요한 IT 인력도 최소화할 수 있으니, 앞으로 ERP 구축을 고려하고 있다면 당연히 클라우드 기반을 고려할 수밖에 없을 것이다.

그 뿐이 아니다. 클라우드 기반의 ERP 시스템은 항상 최신의 IT 기술을 쉽게 접목할 수도 있다. 시스템 공급업체들은 끊임없이 새로운 IT 기술을 개발해서 사용자 편의성을 높이려고 할 것이며, 모바일 지원, 외부 데이터의 통합, 사물 인터넷 등도 클라우드 기반의 ERP 시스템에 활용할 것이다. 인공지능 얘기도 이제는 낯설지 않다.

그러면 이제 ERP 시스템을 새롭게 구축하거나 업그레이드를 생각할 때 당연히 클라우드 기반의 ERP를 결정해야 할 것인가? 어떤 기업은 복잡한 ERP 업그레이드를 포기하고 클라우드 기반의 ERP로 보다 더 짧은 기간에 새롭게 구축 완료했다고도 한다.

물론 기존의 구축형 ERP (On-Premise ERP) 대신 클라우드 기반의 ERP시스템을 선택할 때는 여러가지 고려해야 할 사항이 없을 수 없다. 시스템 구축 비용 문제, 향후 운영관리 문제 등은 말할 것도 없거니와, 역시 가장 중요한 것은, 각 기업의 ERP를 어떻게 비즈니스 효율화로 연결할 것인가에 있을 것이다. 단순히 클라우드 기반의 ERP 시스템을 구축한다는 것이, 지금보다 훨씬 더 나은 ERP 활용도를 보장할 것인가는 다른 얘기일 수 있기 때문이다.

왜냐하면, 클라우드 ERP 시스템이건 기존의 구축형 ERP 시스템이건, 기업의 비즈니스를 효율적으로 지원해야 하는 ERP의 속성은 변하지 않기 때문이다. 물론 IT 테크놀로지의 혁신적인 발전을 활용한다는 것은 분명히 바람직한 것이라고 볼 수 있다. 그러나 아직도 많은 기업에서는, 지금의 ERP가 아니라 훨씬 더 나은 무언가를 필요로 하고 있다는 것은 사실이다.

무엇이 부족한지 무엇이 더 필요한지 한번쯤 심각하게 따져보아야 할 것이다. 즉, 지금의 ERP를 제대로 활용하고 있는가 라는 자문을 해 보아야 할 것이다.

2. 지금의 ERP시스템은…

현재 각 기업의 ERP 시스템의 핵심은, 영업(판매) 프로세스, 구매 생산 및 자재관리 프로세스, 그리고 이들 프로세스를 최종적으로 활용하는 재무 회계 프로세스를 지원하는 시스템들로 크게 구성되어 있다. 여기에 인사관리, 장비관리 및 품질관리, 창고관리 등의 시스템을 보완하여 ERP(Enterprise Resource Planning)를 구성하고 있다.

기업의 가장 중요한 핵심 프로세스인, 비즈니스 프로세스는 당연히 영업부터 구매, 생산 그리고 재무회계 시스템으로 압축할 수 있다. 이들 프로세스는 기업의 성과를 창출하는 기본 프로세스이며 당연히 ERP 시스템의 가장 중요한 부분이라고 할 수 있다. ERP 시스템이 효율적으로 기업의 비즈니스를 지원하다고 하는 것은, 이러한 핵심 프로세스를 ERP 가 제대로 지원할 수 있어야 한다는 것과 동일한 의미이다.

우리나라는 제조 및 유통기업을 중심으로 ERP 시스템 도입비율이 매우 높은 편이다. (제조업 250명 이상 기업 기준, 87% - 2015년, 과학기술 정보통신부, 정보화통계조사 참조) 그러나 ERP 시스템을 잘 활용하고 있는가 하는 문제는 별개일 수 있다. ERP 시스템을 잘 활용한다고 하는 것은 무슨 기준인가. ERP 시스템이 기업의 핵심 프로세스를 잘 지원하고 있다면 물론 ERP를 잘 활용하고 있다고 볼 수 있다. 즉 ERP 시스템이 제시하는 대로 자재를 구매하고 생산을 진행하며, 제 때에 납품을 실행하고 있는가에 대한 물음이다.

많은 비용을 들여서 ERP 시스템을 구축하고, 또한 많은 비용을 들여서 ERP 시스템을 유지하고 있는 기업에게, 지금 ERP 시스템을 잘 사용하고 있는가 라고 질문한다면 그 대답은 어떨까. 지금까지의 경험은, 자신있게 잘 사용하고 있다 라고 대답할 수 있는 기업이 매우 드물다는 사실이다.

제조업을 기준으로 핵심 비즈니스 프로세스를 지원하는 ERP의 기능은, 당연히 MRP(Material Requirement Planning) 모듈에 있다. MRP의 기능은 아주 단순하다. BOM(Bill of Material) 정보를 기준으로 재고를 감안하여, 어떤 제품을 언제 몇 개 생산하느냐는 MPS(Master Production Schedule) 정보대로 계산할 뿐이다. 그래서 언제 몇 개의 구매 자재를 구입해야 하고, 언제 몇 개의 제품을 생산해야 하는 지를 알려준다. 그대로 구매하고 생산하게 되면, 제 때에 적절한 재고를 유지하면서 납품을 할 수 있게 해 준다.

이러한 정보는 ERP 시스템에서 3개의 Control No. 를 관리하면서 처리된다. 즉 구매자재를 위한 ① Purchase Order (구매 오더), 반제품 및 제품을 생산하기 위한 ② Production Order (생산 오더), 그리고 생산된 제품을 납품하여 매출을 일으키는 ③ Sales Order (판매 오더) 이다.

결국 기업의 핵심 프로세스는, MRP 결과를 통해 생성된 구매 오더와 생산 오더의 지시대로 그 날짜와 수량을 지키면서 진행하는 것이다. 그리고 판매 오더를 통해 납품하면 하나의 메인 프로세스가 완료되는 것이고, 이들 처리 결과는 재무, 회계 시스템이 통합 처리하면서, 기업의 실적으로 계산되는 것이다.

즉 어떻게 보면 아주 간단한 MRP 기능이 기업의 핵심 프로세스를 지원하는 가장 중요한 요소라는 것을 알 수 있다. 그러면 ERP 를 잘 활용하고 있느냐는 질문은, MRP 결과대로 잘 실행하고 있느냐는 질문이 될 수 있다. 또한 MRP 모듈을 잘 활용하고 있느냐는 질문과 동일하다. 결국 MRP 를 제대로 활용하고 있으면, ERP를 제대로 활용하고 있다는 기초적인 응답이 될 수 있다. 물론 MRP 결과대로 실행하는 것이 전제가 되어야 할 것이다.

이러한 기본적인 MRP 기능은, 어느 ERP 제품이더라도 국내 제품이건 해외 제품이건 동일하게 적용된다. 앞에서 MRP 기능을 간단하게 설명할 때, 기준이 되는 중요한 정보가 BOM 과 재고현황, 그리고 MPS 정보라는 것을 기억할 것이다.

BOM 은 제품 구성체계 정보이므로 가장 중요한 기준 정보이다. 재고는 입출고를 정확하게 기록하면 정확도는 유지되는 정보이다.

그러면 MPS 정보는 **어떨까.** MPS정보는 어떤 제품을 언제 몇 개를 생산해야 하는지를 MRP에 알려주는 가장 중요한 MRP Driver이다. 고객의 오더 및 향후 수요를 예측해서 생산 및 공급을 진행해야 하고, 때로는 미리 비축해서 생산해 놓아야 하는 경우도 있을 수 있다. 그러면서 제조 현장의 능력(Capacity)을 감안해야 한다. 필요한 자재가 준비되어야 있어야 물론 생산에 투입할 수 있다. 이렇게 제품을 생산하기 위해 고려해야 하는 것을 제약(Constraint)이라고 불렀을 때, 여러 제약 사항들을 감안하여 어떤 제품을 언제 몇 개를 생산해야 하는가를 결정해야 하는데, 이러한 생산결정은 어떻게 이루어 지는가. ERP의 역할은 이 때 어떻게 지원되고 있는가.

ERP자체에서는 이렇게 중요한 MPS 정보를 산출해서 제공하는 기능은 없다.

MRP 결과대로 일하는 것이 가장 ERP를 잘 활용한다고 하는데, 그 MRP를 계산하는 가장 중요한 MPS 정보는 ERP 어디에서도 산출해 주지 않는다. 결국 담당자가 어떤 수단을 써서, 대부분의 경우 엑셀을 사용해서 나름대로 설정한 기준으로 산출한 결과를 MPS 정보로 활용할 수밖에 없다. 만약 고객 주문사항을 그대로 납기에 맞추어 생산해야 한다고 가정해 보자.

생산능력(Capacity)이나, 제품을 생산하기 위한 자재가 무한히 많다고 가정하면 그대로 진행할 수 있겠으나, 그렇게 살아가는 기업은 있을 수 없다. 고객 주문사항을 기준으로 MPS 정보를 MRP에 입력해서, 구매 및 생산계획을 MRP가 수립하게 되면, 실제 생산 현장에서는 어떤 일이 벌어질지 쉽게 상상할 수 있다. 자재가 없거나, 생산 능력(Capacity)이 부족해서 MRP 일정대로 진행할 수 없게 된다. 당연히 MRP 대로 일할 수 없는 여건이 조성된다.

그러므로 MRP결과와 상관없이 생산을 진행되게 되며, 고객의 납기는 지켜질 수 없게 된다. 악순환은 MRP를 제대로 활용할 수 없게 만든다. 이제는 MRP와 상관없이 자재를 구매하고 생산을 진행하게 되어, 결국 ERP 활용도는 떨어진다. 기업의 핵심인 가장 중요한 프로세스가 ERP를 제대로 활용하지 못하고 처리되게 된다. 그 결과는 종합적으로 고객의 신뢰가 저하되고 매출 감소로 이어지며, 때로는 과잉재고를 유발할 수밖에 없다.

결국 ERP를 제대로 잘 활용하고 싶으나 구조적으로 잘 활용하기 어려운 상황이 될 수밖에 없다. 많은 기업들에게 MRP를 제대로 운영하고 있느냐는 질문에, 제대로 잘 사용하고 있다고 말하기 어려운 이유이다. 매출을 일으키는 최종 제품(End-Item)을 언제 몇 개 생산해야 할 지를 결정하는 것이, ERP 활용은 물론 MRP를 제대로 사용하기 위한 가장 중요한 요소가 됨을 이해하기 어렵지 않다.

결국 ERP는 고객의 니즈에 대응하기 위해 어떻게 핵심 프로세스를 진행할 것인가 라는 것 보다는, 결과야 어떻든 어떻게 진행했다 라는 사실을 기록하는 시스템으로 활용될 수밖에 없게 된다. 재무 회계 관점에서는 물론 그것으로 충분하다. 그래서 재무 회계 목적으로는 ERP가 잘 활용된다고 어느 기업이든 말할 수 있다. ERP의 Planning 기능은 어느새 잘 보이지 않는다. 그래서 ERP를 번역하면, '전사적 자원 관리' 라고 부르는 것이 아닐까.

3. 그럼 ERP를 잘 활용하기 위해서는…

종합해서 다시한번 요약하면, ERP를 잘 활용한다는 것은, 기업의 핵심 프로세스를 ERP가 얼마나 잘 지원하는가 라는 물음에 다름 아니다. 그것은 또한 MRP를 얼마나 잘 활용하는가 라는 문제와 같은 질문이다. 결국 MRP를 활용하는 기준인 MPS 정보, 즉 고객의 수요를 고려하면서, 기업의 제약요소들을 감안하여 최종 제품을 언제 몇 개 생산할지를 결정하는 것이 가장 핵심임을 알 수 있다.

이러한 필요조건에 잘 대응하고 있는 것이 APS(Advanced Planning & Scheduling)를 기반으로 하고 있는 공급계획(Master Planning) 영역이다. Master Planning은, MRP를 제대로 활용하기 위한 MPS 를 생성하는 시스템이다. 이는 기업의 제약요소를 Planning에 감안할 수 있는 시스템이다. 즉 자재의 지원 여부, 생산능력(Capacity)의 활용 가능성을 고려하여 생산계획을 수립할 수 있는 시스템이다. 고객의 주문으로만 생산을 진행하는 기업환경에서는, 고객 주문의 납기를 기준으로 Master Planning을 계산해 보면 된다.

Master Planning 결과는 납기를 지킬 수 있거나, 아니면 어떤 제약사항으로 인해 얼마만큼 지연될 것이라는 것을 나타내 준다. 지연 원인이 무엇인지 곧바로 파악하여, 만약 대응할 수 있는 문제면 바로 조치해서 진행하면 될 것이다. 이러한 Master Planning 결과를 MRP의 MPS 정보로 활용하게 되면, 자연히 MRP 결과대로 일할 때 문제가 없게 될 것이다.

고객의 주문이 아닌 수요예측을 통해서 미리 제품을 생산해 놓아야 하는 기업 환경이라면, 영업의 수요예측 결과를 기준으로 Master Planning을 계산해 보면 된다. 수요예측대로 생산할 수 있는지 아니면, 제약요소를 고려하여 조정해야 하는지 Master Planning 결과는 제시할 수 있게 된다. 또한 그래서 향후 재고 현황이 어떻게 전개될 것인지도 Master Planning 결과를 통해서 미리 검토해 볼 수 있게 된다. 만약 고객의 주문과 수요예측을 혼합해서 비즈니스를 운영해야 한다면, 고객의 주문과 수요예측을 함께 고려해서 Master Planning을 계산해 보면 된다. 흔히 얘기하는 S&OP(Sales & Operations Planning) 프로세스는 이러한 판매계획과, Master Planning을 기반으로 하는 공급계획을 검토해서 향후 확정계획인 Single Plan을 수립하는 프로세스에 다름 아니다.

Master Planning은, 또한 기업이 고려해야 하는 여러 전략적인 사항들도 지원할 수 있다. 예를 들면, 중요한 고객에 대한 공급계획을 우선적으로 수립한다거나, 여러 제약사항들에 대한 시뮬레이션을 사전에 실행해 볼 수 있다. 안전재고를 감안하거나 여러 공장을 통합해서 한번에 공급, 생산계획을 수립해 볼 수도 있다. 매년 수립하는 경영계획도 물동량에 대한 계획이 수립되면, 여기에 재무적인 수치를 감안해서 영업이익을 미리 계산해 볼 수도 있다.

기업의 핵심 프로세스는 크게 계획 부분과 실행 부분으로 나누어 생각해 볼 수 있다. ERP 시스템은 기업의 핵심 프로세스 중, 실행 부분을 주로 지원해 주는 시스템으로 볼 수 있다. 3가지 Control No.를 기준으로 실행한 트랜잭션을 처리하는 것이 주 목적이라고 볼 수 있다는 의미이다. 이러한 ERP를 제대로 활용하기 위해서는, 계획 프로세스가 제대로 운영되어야 하며, 이를 지원하는 시스템도 반드시 고려해야 할 것이다. Master Planning 시스템은 고객의 주문이나 수요예측에 대응하여, 공급 혹은 생산계획을 수립하고 이를 통해서 MRP를 제대로 Drive 할 수 있는, 계획부분의 중요한 시스템이라고 말할 수 있다.

몇 년 전에 중소/중견 기업을 대상으로, 정부에서 저가 ERP 시스템을 적은 비용으로 구축할 수 있도록 지원해 준 적이 있다. ERP시스템이 기업의 프로세스를 효율적으로 지원할 수 있다는 사실에 착안한 것이었다. 그러나 그 때 그 정부 사업을 성공했다고 말하는 사람은 찾아볼 수 없다. ERP에 대한 이해, 교육 및 시스템 기능 이전에 비즈니스 프로세스를 정리하고 이를 지원하는 ERP 로서의 공감대를 갖추지 못했기 때문이라고 말 할 수 있다.

클라우드 ERP 역시, 기본적으로 기업의 핵심 비즈니스 프로세스를 지원하는 ERP시스템이라는 본질은 변하지 않는다. IT 테크놀로지의 발전이 ERP의 본질을 혁신적으로 쉽게 만들지는 않기 때문이다. 손쉽고 적은 비용으로 ERP 시스템을 사용할 수 있다는 것은 고무적인 일이다. 그렇지만 여전히, ERP를 잘 활용하는가에 대한 문제는, 클라우드 ERP 시스템이건, 기존의 구축형(On-Premise) ERP 시스템이건 본질적으로 동일하다는 것을 잊어서는 안될 것이다.

4. Master Planning의 실제 적용사례는…

그러면 지금까지 언급했던 Master Planning 시스템이 MRP에, 그리고 기업의 핵심 비즈니스 프로세스에 어떻게 적용되었는지 그 실례를 검토해 보기로 하자. 물론 아주 많은 사례가 있지만, 이해하기 가장 쉽다고 생각되는 사례를 한가지 보기로 하자.

A 기업은 공장의 설비능력(Capacity)은 부족함이 없으나, 생산을 진행할 때 항상 많은 자재 결품이 가장 큰 문제였다. 고객주문을 감안하여 판매계획을 수립하고 이에 대한

공급, 생산계획을 수립해서 현장의 인력 및 설비등을 준비하여 진행하는 기업이었다. 생산 계획은 매주 수립해서 생산현장에 내려주는 그렇게 어렵거나 특이한 문제가 있는 기업이 아니었다. 그런데 생산 진행할 때 미리 자재가 준비되어 있어야 하는데, 막상 생산에 투입해야 하는 자재가 창고에 없는 경우가 많았다. 당연히 생산 라인은 멈출 수밖에 없었고, 고객과 약속한 납기는 지켜지지 않아서 매출 손실은 물론 고객의 신뢰까지 잃고 있는 상황이었다.

생산계획에 잡혀 있는 제품을 생산할 수 없으니, 다른 제품이라도 생산투입해야 라인을 가동할 수 있을 것이다. 긴급하게 생산 가능한 제품의 자재를 수배하면서 라인에 투입하다 보니, 급하지 않은 제품이 생산되어 재고가 쌓이고 라인의 효율성 및 가동율은 현저하게 떨어질 수밖에 없는 실정이었다.

그러면 이 때, ERP는 어떻게 이 A 기업을 지원하고 있었을까? 판매계획에 대한 생산계획을 수립할 때, 판매계획을 그대로 MPS 정보로 활용하고 있었다. 즉, 판매계획대로 생산을 진행해야 한다는 당연한 생각에서였다. 그런데, 실제 생산계획에 반영된 제품에 대한 자재가 준비되어 있는지 혹은 투입 전에 준비될 것인지에 대한 검토를 할 수 없었다. 간단한 제품이라면 사람의 힘으로 체크할 수 있겠으나, 많은 자재가 필요할 경우 그리고 제품 종류가 다양할 경우에는, 사전에 수작업으로 자재 Availability를 체크한다는 것은 거의 불가능한 일이다.

ERP의 MRP 기능은, 이 경우 판매계획대로 생산하도록 생산계획을 풀어서 계산할 뿐, 자재가 있는지 없는지의 제약사항을 체크해주지는 못한다. 그러므로 실제 생산에 투입할 자재를 준비할 때, 자재가 없다는 사실을 발견할 수밖에 없는 경우가 많이 발생한 것이다.

이 때, 판매계획에 대한 Master Planning 시스템을 적용해서 미리 자재의 Availability를 체크하게 되면, 판매계획 대로 생산 가능한지를 사전에 알 수 있게 된다. 자재 결품으로 인해서 판매계획 날짜에 생산할 수 없으면, 언제 자재가 준비될 것인지 검토해서 언제 생산가능한지를 Master Planning 시스템은 쉽게 알려 준다.

A 기업에 Master Planning 시스템을 적용해 미리 검토해 보니, 판매계획대로 생산할 수 없는 제품들에 대한 정보를 알 수 있게 되었다. 어떤 자재가 결품인지를 Master Planning 시스템을 통해서 알 수 있게 됨으로써, 당연히 어떻게 대응해야 좋을지에 대한 사전 검토시간을 가질 수 있게 되었고, 그에 따라 실제 생산가능한 계획에 대한 확정도 할 수 있게 되었다. 이 정보를 A기업의 MPS 정보로 활용해서 MRP를 돌리고, 이 MRP 결과대로 생산을 진행하는 프로세스를 정립하게 되었다.

그 결과는 예상했던 것 보다 훨씬 더 좋은 결과를 만들어 주었다.

가장 좋았던 사실은, 생산 가동율이 현저하게 높아졌다는 것이다. 당연히 자재 결품으로 인한 라인 정지 현상이 줄어들 수밖에 없었다.

또한 판매계획에 대한 생산계획의 적중율이 매우 높아졌다. 영업은 생산계획에 대한 신뢰를 회복할 수 있었고, 이전에 영업에서 생산라인으로 직접 다그치는 현상도 거의 없어졌다. 영업도 고객에 대한 납기 약속을 정확하게 할 수 있게 되었다. 생산라인도 꼭 필요한 자재만 준비해서 투입할 수 있게 되니, 자연히 공간도 넉넉해지고, 자재의 분실도 또한 적어졌다. 생산계획이 정확 해지니, 향후 재고에 대한 예상도 정확하게 되었다.

여기서 또한 언급하지 않을 수 없는 부분이 있다. 그것은 이제 ERP가 제대로 활용되고 있다는 것이다. Operation에 관여하는 모든 인력이 ERP를 활용해서 일을 할 수 있게 된 것이다. 자재를 구입하고, 생산에 투입하고, 생산을 진행하고, 납품하는 모든 기업의 핵심 비즈니스 프로세스가 ERP를 통해서 원활하게 이루어지게 되었다.

이 사례는 단순히 자재가 문제인 기업에 대한 사례이지만, 만약 복잡한 공정에 생산 리드타임이 상대적으로 많이 걸리는 기업도, Master Planning 시스템을 통해 문제를 해결할 수 있다. Master Planning 시스템은, 자재 뿐만 아니라 Capacity에 대한 제약 고려도 할 수 있으므로 당연히 보다 정확한 생산계획을 수립할 수 있다.

기업의 근간 시스템인 ERP를 보다 잘 활용하기 위한, Master Planning 시스템은 사실 ERP에 비해 그리 많은 비용을 필요로 하지 않는다. 그렇지만, 이런 사실을 인식하고 있는 기업의 경영자는 그리 많지 않다. ERP로 모든 것을 할 수 있다고, 그런데 왜 ERP를 제대로 활용하지 못하느냐고 질책할 뿐이다. 조금은 안타까운 마음이 없지 않으나, 어찌 하겠는가, 아는 만큼 거둘 수 있는 것이 아니겠는가.

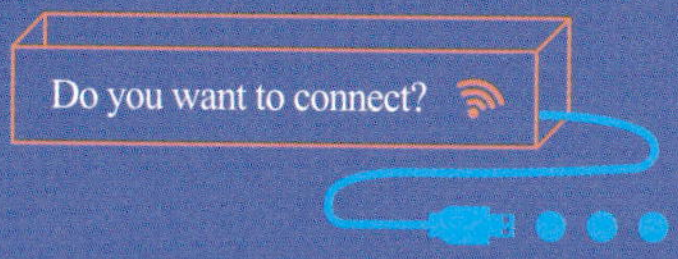
Do you want to connect?

04 IoT와 ERP

박계진

1. 4차 산업혁명과 IoT

3차 산업혁명 시대가 메인프레임 컴퓨터 시대라면, 4차 산업혁명 시대는 ABCD로 대표되는 AI, Blockchain, Cloud, Data(Big, Small)로 통칭되는 핵심 기술을 기반으로 개인화, 가상화 그리고 모바일화가 가능해지는 기술의 시대이다. 더 나아가 이러한 기술을 통해 경쟁우위를 만들어내는 것이 가능해지는 산업혁명시대이다.

따라서 Digital Transformation으로 대표되는 4차 산업혁명 시대에 기업은 디지털로 모아지는 방대한 데이터에서 기업 목적에 맞는 정보와 그에 따른 패턴 분석, 기존 시스템 구조하에서의 생산성 저하 극복, 인간의 실수 방지, 데이터 활용기술의 핵심인 센싱 기술, IoT, Cloud, 빅데이터, AI의 활용능력 등을 확보해야만 경쟁에서 살아 남을 수 있다.

물론, 기업은 기존 ERP시스템의 활용으로 영업, 생산, 구매, 물류, 재고, 재무, 회계 및 고객관리 등의 경영 활동 전반의 과정을 연결한 통합관리와 기업 내의 통합 경영정보를 실시간으로 공유할 수 있을 뿐만 아니라, ERP시스템에서 생성된 각종 데이터를 기반으로 새로운 정보 획득과 분석을 통한 신속한 의사결정으로 경영 효율을 극대화할 수 있게 됐다. 하지만 4차 산업혁명으로 각종 센서와 기기로부터 수집되는 방대한 정보를 얼마나 빠르고 효율적으로 활용하느냐가 기업의 생존을 결정하게 된다. 소비자로부터 수집되는 소비자 경험의 패턴 분석으로 마케팅 기법이 혁신적으로 바뀌고, 위치정보 센서의 활용으로 물류나 재고의 흐름을 획기적으로 개선하고 있으며, 설비의 상태 정보의 실시간 파악으로 설비의 다운타임을 사전에 예측하여 설비 가동률을 개선하는 등 기업환경 전반에 ERP시스템과 연동된 데이터를 효율적으로 활용할 수 있는 역량을 갖추는 것이 무엇보다도 중요하다.

IoT(Internet of Things)는 각종 사물에 센서와 통신 기능을 내장하여 인터넷에 연결하는 기술. 즉, 유무선 통신을 통해 각종 사물을 연결하는 기술을 의미한다. 인터넷으로 연결된 사물들이 데이터를 주고받아 스스로 분석하고 학습한 정보를 사용자에게 제공하거나 사용자가 이를 원격 조정할 수 있는 인공지능 기술이다. IoT는 산업 전반에 걸쳐 다양한 사례로 적용되고 있다. 유무선 통신과 센스를 통해 가장 널리 알려진 IoT 서비스가 스마트홈 서비스이다. 냉장고/세탁기 등 가전제품의 원격제어, 전등, 커턴, 출입문 원격관리 서비스 등 이미 우리 주변에서 IoT 서비스가 이용되고 있다.

사업에 필요한 자산, 운영, 절차, 제품 그리고 기타 자원들에 대한 가상화를 통한 추적은 완전한 가시성을 제공하여 기업의 수요와 공급 프로세스를 단순화 · 최적화 시킨다. IoT를 활용한 운영효율성의 증대에 따른 비용절감의 사례(GE등)를 바탕으로, 기업의 IoT 적용이 급격하게 확산될 것이다.

2. SCM과 IoT

매일 수백 만 건의 물품이 차량, 기계, 사람 등의 손을 거쳐 수송되고, 추적되고, 적재되고 있다. 이러한 물류 분야에서 IoT는 그 활용이 단연 기대되는 분야이다. IoT가 물류에 본격적으로 활용되기 전에도 센서, 마이크로프로세서, 무선 연결 장치를 포함한 많은 기술들이 이미 수년 전부터 도입 · 사용되어 왔다. 따라서 IoT가 실제 운영에 활용된 것도 물류 분야가 처음이었으며, 활용 예도 배송 프로세스를 자동화하는 소형 스캐너의 도입에서부터 화물의 파손여부를 감지하는 다수의 센서 설치까지 그 예가 다양하다. SCM상에서 창고는 항상 주요 허브 역할을 해 왔다. 물류 서비스 사업자들은 유연한 창고운영을 통해 적은 비용으로, 빠르게 소비자들에게 서비스를 제공하는 것이 최고의 경쟁력이 될 수 있다. 물건의 입고와 배치, 창고 내 이동, 출고의 흐름을 원활하게 처리하기 위해서는 건물 자체뿐만 아니라 팔레트, 지게차, 제품 등이 IoT를 활용하여 모두 연결되어야 한다.

1) 스마트 재고 관리

창고 내 재고 관리에서 IoT는 RFID와 같이 저렴하면서도 초소형인 센서를 통해 물건 또는 팔레트 수준에서의 정보를 관리한다. 창고로 물건이 팔레트에 실려 들어오면 무선 리더기로 물건의 무게 및 크기, 부피 등이 자동적으로 파악되어 WMS로 전달된다. 이전에 사람이 일일이 입고를 잡는 프로세스에 비하면 입고 시간이 획기적으로 단축되는 것이다. WMS에 사전 정의된 물건의 위치에 지게차가 자동으로 적재를 하며, 이 또한 자동으로 WMS에 전달된다. 온도나 습도에 민감한 물건 또한 실시간으로 모니터링 되어 관리가 가능하다. 물건이 배송을 위해 출하될 때도 정확한 물건이 출하되는지 스캔을 통해 가능하며, 재고 입출고 상황이 WMS 시스템에 자동으로 전달되므로 정확한 재고 관리 및 통제가 가능하게 된다.

2) 자산 관리

IoT는 창고 내 설비와 지게차를 중앙 시스템과 연결하여 창고 관리자들이 실시간으로 모니터링을 가능하게 해 준다. 실제로 지게차에 센스를 부탁하여 창고 내 이동시 충돌에 따른 사고를 예방할 수 있고, 지게차에 센스를 부착하여 정확한 물건의 위치를 찾을 수 있도록 할 수 있다. 일부 기업에서는 AGV등을 활용하여 무인창고 시스템도 적용하고 있다.

3) 예방 정비

IoT는 컨베이어 벨트와 같은 설비에 장착된 센서를 통해 설비의 일 처리량을 조절할 수 있고, 온도나 진동의 측정을 통해 설비 고장의 징후를 포착하여 사전에 정비를 할 수 있게 해 준다. 또한 작업의 종류나 시간에 따라서 조명의 밝기를 자동으로 조절하여 운영 비용을 절감하고, 설비의 에너지 소비, 환기, 냉 · 가열 등 설비가 최적의 상태가 유지 될 수 있도록 지원한다.

4) 위치 및 상황 감지

IoT를 트럭에 적용하면 트럭에 설치된 텔레매틱 센서와 제품마다 부착된 멀티센서 태그가 위치 및 상황 정보뿐만 아니라 패키지의 개봉 여부에 대한 정보도 함께 제공한다. 개별적으로 적용되어온 물류관련 위치 추적 센서와 솔루션으로 인해 통합 관리가 어렵지만, 최근에는 IoT 플랫폼을 제공하는 업체가 늘어나, 기존의 다양한 센서에서 나오는 정보를 통합하여 연결하는 오픈 플랫폼을 이용해 물류 사업자와 소비자가 동시에 운송 현황을 추적 관리할 수 있는 서비스를 제공하고 있다.

5) 운송 수단 관리

IoT 센서를 통해 컨테이너, 트럭, 항공화물 운송용 팔레트가 어떤 주기로 가동되는지를 모니터링할 수 있다. 또한 센서가 운송 수단의 적재 용량을 측정하여 유휴 공간이 있으면, 이동 경로상 다른 화물도 같이 운송할 수 있게도 할 수 있다. S사의 경우 Cello라는 솔루션을 통해 물류의 위치 및 현황 등 최적의 운송 수단을 제공하고 있다.

6) 수명 예측 관리

IoT를 활용하면 기계가 스스로 언제 고장이 발생할지 예측하고 자동으로 정비 스케쥴을 조정할 수 있게 된다. 2012년 볼보가 다른 업체와 공동으로 개발한

MoDe(Maintenance on Demand) 프로젝트를 통해 개발한 트럭은 스스로 언제 어떻게 유지보수가 필요한지를 결정할 수 있다. 최신 센서가 트럭의 연료통을 비롯한 주요 부품에 부착되어, 부품의 결함이나 연료의 감소를 감지할 수 있다. 감지된 데이터는 1차로 중앙 장치에 전달되고, 분석을 위해 유지보수를 담당하는 플랫폼으로 전달된다. 이 시스템을 통해 트럭 가동시간이 최대 30%까지 증가 되었다고 한다.

7) 공급망 리스크 관리

최종 목적지에 이르기까지 공급망 전체를 관리할 때 IoT는 매우 유용하다. 점차 글로벌 공급망에서의 불확실성이 증가하면서 기존의 공급망 관리 모델로는 한계가 있기 때문이다. 자연재해, 사회정치적 불안, 충돌, 경제적 불확실성, 시장 변동성이 모두 공급망 관리에 리스크를 더하고 있다. IoT를 적용한 물류관리 시스템은 전체 공급망을 여러 계층으로 비주얼화해서 보여주는 특징이 있다. 만약 전 세계로 화물이 수송될 때 강력한 위험이 감지되면, 운송 경로 및 계획을 자동으로 변경하도록 한다. 실제로 모든 운송 수단 및 시설로부터 정보를 모두 수신 받는 것이 가능해져, 긴급한 물품을 싣고 가는 트럭의 고장, 홍수가 발생하여 창고가 물에 잠기게 되는 상황, 국내 선사의 이슈로 물류 혼란이 있었을 때 등 긴급한 상황에 신속한 대응이 가능하다.

3. 스마트 팩토리와 IoT

스마트 팩토리는 생산정보시스템(PLM, MES등)과 기업운영시스템(ERP, SCM, CRM 등)과 같이 정형화된 시스템과 공정, 제조, 설비와 같은 물리적인 세계가 센스와 네트워크 등으로 통합되어, 실제 제품 생산 및 설비의 작동이 사이버 공간에서도 동기화되고, 축적된 데이터에 기반하여 지능적으로 제어가 가능한 시스템이 적용된 공장을 말한다. 이를 구현하기 위해서는 자료를 수집하고 이를 연결하는 IoT 기술과 플랫폼, 수집된 데이터를 통합적으로 분석하는 빅데이터 분석기능과 인공지능 등 다양한 기술이 요구된다. 이 기술이 활용된 스마트 팩토리의 궁극적인 모습은 디지털 트윈이라는 가상의 공간과 현실 공간의 생산활동이 완벽하게 동기화되는 것을 목표로 한다.

기업들이 기존 제조 공정에 스마트 팩토리를 도입하면서 제조업의 혁신이 일어 나고 있다. 실시간 주문형 · 맞춤형 생산이 가능해지고, 제조 공정의 디지털화가 가속화 되고 있다. 재고량이 최소화되고, 제품 불량률이 낮아지고, 인건비가 절감되는 등 제조업의 패러다임이 변화하고 있다. 생산라인뿐만 아니라 위에서 언급한 SCM 영역에 IoT, 센서, 클라우드 기반의 초연결화가 가능해져, 제조사와 부품 공급업체간의 유기적인 연결이 강화되고 있다.

IoT 기술은 스마트 팩토리 구축의 필수 요소라 할 수 있다. IoT는 제조업 데이터를 기반으로 하는 4차 산업혁명의 핵심인 CPS의 기반 기술 중 하나로서 데이터를 모으는 역할을 한다. 지금까지 인터넷은 사람과 사람을 연결시키고 각 연결고리에서 사람이 판단을 했지만, IoT 시대에는 사물이 인터넷에 직접 연결되어 작동하며 각 연결고리(게이트웨이, 엣지, 반도체 등)에서 사람의 판단을 대체하는 인지적, 판단적 기능을 갖추게 된다.

1) 생산설비 관리

제조업에서의 생산 설비는 기업의 이윤을 창출하는 기본 자산이다. 설비의 가동률을 극대화 하는 것이 생산계획을 세우고, 계획에 따른 부품이나 완제품을 후공정이나 고객에게 납품하는 약속의 선결 조건이 된다. IoT센서를 설비에 부착하여 설비의 현 상태를 파악하고 스트리밍 데이터를 활용하여 PM 일정을 수립할 수 있으며, 교체 여부를 사전 진단하여 고장에 따른 운영비를 절감할 수 있다. 또한 다양한 생산라인의 가동률 · 불량률을 조사하고 생산계획에 반영할 수 있다.

2) 공정 관리

제조업에서의 생산공정은 생산하는 제품에 따라 다양한 환경을 갖추게 된다. 많은 인력이 들어가는 가공 · 조립산업에 비해 자동화 수준이 높은 장치산업의 경우 생산설비 및 환경의 신뢰성 요구 정도는 매우 높다. 잘못된 장치의 설정이나 온도 · 습도 · 먼지 등 주위 환경의 변화에 따라 대규모의 불량이 발생할 수도 있다. 따라서 각 공정의 장치와 장치 주변의 환경에 대한 모니터링용 IoT센서를 설치하여 다양한 정보를 수집하고, 이상 현상에 대한 대응 및 조치를 적기에 실시함에 따라 생산품에 대한 신뢰를 높일 수 있다.

3) 재고 관리

기업 내 재고관리는 구매를 추적하고, 재고 물품 및 자재의 수량을 파악하며, 재고 수준이 낮아지면 자재를 재 주문한다. 정교한 재고관리 시스템이라면 재고 위치를 추적할 수 있고 과거의 판매, 날씨 예측 등 다양한 데이터를 이용해 자재를 재주문할 적절한 시기까지 예측한다. ERP시스템 내 재고는 고객에게 판매할 수 있는 완제품 수량을 결정하고, 고객의 요청 수량을 보충하기 위해 MRP 수행의 결과로 생산이나 구매해야 할 반제품이나 원자재 계산의 근거로 활용된다. 전통적으로 정확한 재고의 파악을 위해 ABC 관리, Cycle Counting 등 다양한 방법 및 논문들이 나와 있다. 기술의 발전에 따라 RFID Tag등 IoT센서의 가격 하락에 따라 완제품이나 반제품뿐만 아니라 볼트 등 원자재에 대한 정확한 위치와 수량 등 재고 파악이 가능하게 되었다. 볼트 · 너트 등 재고 수량 파악이 어려운 자재는 미세 저울 기능을 포함한 스마트 빈을 이용하여 무게를 이용한 수량관리가 가능하게 되었다. 이러한 IoT기술이 적용된 ERP시스템은 위치 추적, 원격 재고수준 관리, 자재의 공급망 내 이동에 따른 소비현황에 대해 자동 모니터링 및 관리를 가능하게 한다. 또한 재고 입 · 출고 정보를 ERP시스템에 자동 입력하여 청구 · 지급을 위한 비용 정보를 재무/회계 부서에 실시간으로 제공한다. 추가로 IoT 센서를 통해 발생된 실시간 데이터에 기반한 애널리틱스를 이용하여 예상치 못한 재고소진으로 인한 추가 비용 발생, 작업 중단 등을 방지하여 막아 잠재적인 비용손실을 줄일 수 있다.

4) 자산 관리

자산 관리 자체는 수십 년 동안 수행되어 왔지만, 단순한 자산의 위치 및 현황 파악뿐만 아니라,원격으로 자산의 문제점을 해결 할 수 있는 능력이 빠른 속도로 발전하고 있다. 실제 물리적인 자산 대신 소프트웨어로 가상화한 자산의 디지털 복제품을 만들어 다양한 목적으로 사용하는 것을 Digital Twin이라 하는데, 3D Animation이 가능한 가상화 환경을 이용한 시스템을 산업현장에 적용하여, 보다 직관적이고 현장과 같은 제어와 통제 환경을 제공하여 생산 현장의 생산성 향상을 제공하고 있다. 장비 공급 업체들은 가상화를 통해 가능해진 새로운 서비스 제공 기회와 사업 모델을 기반으로 제조 공장의 운영과 유지보수에서 보다 직접적인 역할을 수행하고 있다. 새로운 사업 모델은 장비 판매보다 장비 가동시간을 기준으로 운영되며, 구매자들은 생산 장비를 '서비스' 개념으로 사용하게 된다. 이는 제조업체와 장비 공급사간에 완전히 새롭고 매우 긴밀한 관계를 창출하고 있다.

4. ERP와 IoT

기업을 운영함에 있어 관련된 데이터를 실시간으로 집계하여 볼 수 있으면 정확한 의사 결정이 가능해진다. 월별 품질 불량률이 전월 대비 5% 더 올라간 것을 전월과 같은 불량율로 보고가 되는 경우, 재고 정확도가 95%라는데 그 근거가 무엇인지 모르는 경우, 장비의 가동율이 99%로 보고 되는데 생산량이 계획대로 나오지 않는 경우 등, 시스템의 자료를 사람이 집계하여 보고가 되면 왜곡 현상이나 실수가 발생 할 수 있다. 또한, 집계되는 데이터가 수집되고 분석되는 기간 동안, 환경이나 수치가 바뀌었다면 이미 과거의 자료로 의사 결정에 별로 도움이 되지 않을 것이다.

오늘날 기업이 가장 우선순위로 생각하는 것이 품질 및 생산성 향상, 효율적인 SCM을 통한 성장이다. 그리고, 날로 복잡해지는 기업 환경 내에서 생존을 위해서는 IoT센서 등을 통해 수집되는 수많은 데이터를 어떻게 실시간으로 처리하고 분석하며, 중요데이터를 찾아서 의사 결정에 이용하는 것이 필수 요소가 되었다. 미래의 ERP에서

IoT는 수많은 데이터를 수집하고 분석해서 다양한 사용자들에게 랩탑이나 모바일 장치 또는 VR등 다양한 형태로 필요한 정보를 실시간으로 제공할 수 있는 핵심 기술이 될 것이다. 예를 들면 IoT 센서에 기반한 창고 내 선반은 실시간 재고정보를 ERP시스템에 제공하여 재고관리를 지원하면 재고 정확도에 대한 논란을 없앨 수 있으며, 기업이 부담해야 할 재고 비용을 획기적으로 줄일 수 있고, IoT가 탑재된 제품은 고객의 사용빈도나 고객 사용패턴, 만족도를 ERP시스템으로 전송, 제품 개발이나 마케팅 전략 등 경영에 활용할 수 있을 것이다.

4차 산업의 도래에 따라, 기업들은 새로운 환경에 적응하기 위한 Cloud ERP시스템으로의 빠른 전환이나, AI, IoT, 스마트 팩토리 등을 지원하는 완벽하고 유연한 플랫폼 형태의 솔루션을 원하고 있다. 유연성과 실시간성이 핵심이 될 ERP의 미래 모습에 있어서 핵심 기술인 IoT의 적용은, 대부분의 기업이 ERP 시스템을 보유하고 있으므로 성급한 도입 보다는 다음 단계를 거쳐 IoT 도입을 진행하기 바란다.

1) IoT 도입이 기존의 ERP시스템을 변경하라는 의미가 아니다.

우선 고려해야 할 사항은 현재의 비즈니스 중 IoT 기술이 가치를 더할 수 있는 영역을 선정하는 것이다. 냉동식품의 운송 온도 관리가 필요하거나, 고가의 자산이나 장비의 도난 방지, 주요 자산에 대한 가동이나 상태정보의 모니터링 등을 우선 선정할 수 있을 것이다.

2) 도입 전에 반드시 테스트를 해야 한다.

다양한 센서나 디바이스를 이용하여 PoC(Proof of Concept)를 수행해야 한다. PoC 수행 전에 PoC를 승인하기 위한 주요 지표들을 결정하고, IoT를 적용할 전체 업무 범위를 충분히 포함할 수 있는 PoC를 수행해야 한다.

3) PoC를 통해서 잠재이슈를 사전 도출해야 한다

IoT기술을 실제 비즈니스에서 사용할 엔지니어나 작업자들이 동참하여, 실 사용시 발생한 예외케이스나 잠재 문제에 대해서 충분히 논의를 거쳐야 한다. IoT센서의 위치나 작동 거리 등이 실제 적용시 문제점으로 나타날 수 있다.

4) PoC 결과를 근거로 의사결정권자의 승인을 받아야 한다.

IoT 기술 도입이 고객에게 새로운 가치가 제공되거나, 기업의 이윤을 상승시킬 수 있는지를 설명하여야 한다. 예를 들어, 고가의 자동차를 주문한 고객에게 오더 접수부터 생산 현황, 고객 인도까지의 전 과정을 실시간으로 공유하면 고객 만족도는 훨씬 높아질 것이다.

5) 구매할 것인지 빌려서 사용할 것인지 결정해야 한다.

계절에 따른 수요 변동이 심한 경우 센서를 빌려서 사용하는 것은 비즈니스에 유연성을 더해준다. 또한, SaaS 형태의 서비스를 사용할 경우 사용량만큼의 비용만 지불하면 되므로 사업의 변동에 유연하게 대응할 수 있다. 하지만 지속적으로 일정한 물량이 사용될 경우 구매하여 사용하면 비용을 줄일 수 있다.

6) 최종적으로 컴플라이언스 이슈가 있는지 점검한다.

적용될 IoT기술이 법률적으로 문제가 없는지 최종 점검해야 한다. 비행 금지구역에서 드론으로부터 자료를 받는 기술을 적용한다면 문제가 될 수도 있기 때문이다.

7) 적용된 IoT기술을 ERP와 연결한다

대부분의 IoT 벤더들은 API를 지원하고 있다. API를 이용하여 IoT 센서로부터 나온 정보를 ERP시스템과 연결하여 기존의 ERP시스템의 데이터들을 최신으로 유지, 활용할 수 있다.

05 물류 · 유통 경쟁력 강화를 위한 SCM생태계

류구희

1. 변하는 트랜드, 변하지 않는 트랜드

흐름을 우리는 '트랜드(Trend)'라고 한다. 기업 경영에서도 흐름은 만들어 지고 그것은 유행처럼 나타났다가 사라지곤 한다. 한 예로, 경영혁신기법들이 모두 그 범주에 속한다. 키워드들도 화려하다. '미래경영', '식스시그마경영', '인재경영', '시스템경영' 등 당시의 주요 기업자원들을 거론하며 경영에 흐름이라는 색깔을 입혀왔다.

그 가운데 변하지 않는 트랜드가 있다.

사람이 중요시 되던 시절에는 '인재경영', 경영 시스템이 주목을 받던 때는 '시스템경영', 미래의 먹거리를 발굴해야 하던 흐름에는 '미래경영'을 최고경영자들은 제시했다. 외형적으로 달리 보이는 이러한 경영 트랜드 속에 '변하지 않는 트랜드'가 숨어 있다. 바로 '생존'이다. '지속가능한 경영'을 말한다.

2. 4차 산업혁명 속에서의 기업 생존

기술의 발달에 힘입어 이제는 산업이 4차 단계에 접어들었다. 1, 2차 산업에서 제조산업의 부흥기를 맞이했다면, 3차 산업시대에는 IT산업이 꽃을 피웠다. 이제, 4차 산업혁명기에 접어들면서 기술은 극한 상황을 만들어 내고 있다. 그것은 기술발달의 산물이 인간을 대체하게 됨을 뜻한다. 변치 않는 트랜드인 '생존경영'에 대해 4차 산업혁명이 어떤식으로 작동할지 구체적으로 살펴볼 필요점을 찾게 되는 이유가 되기도 한다.

기술관점에서 바라 본 4차 산업혁명에 대한 정의로는, '인공 지능(Artificial Intelligence), 사물 인터넷(Internet of Things), 빅데이터(Big Data), 모바일 등 첨단 정보통신기술이 경제 · 사회 전반에 융합되어 혁신적인 변화가 나타나는 차세대 산업혁명'이라 요약해 볼 수 있다.

이는 인공 지능(AI), 사물 인터넷(IoT), 클라우드 컴퓨팅, 빅데이터, 모바일 등 지능정보기술이 기존 산업과 서비스에 융합됨을 의미한다. 더 나아가 3D 프린팅, 로봇공학, 생명공학, 나노기술 등 여러 분야의 신기술과 결합되어 실세계 모든 제품 · 서비스를 네트워크로 연결하고 사물을 지능화한다고 볼 수 있다. 제4차 산업혁명은 초연결(hyperconnectivity)과 초지능(superintelligence)을 특징으로 하기 때문에 기존 산업혁명에 비해 더 넓은 범위(scope)에 더 빠른 속도(velocity)로 크게 영향(impact)을 끼친다 하겠다.

이러한 4차 산업혁명속에서 우리 모두가 우려하는 바는 단 하나다. 바로 직업의 증발이 그것이다. 이는 기업의 생존을 넘어서 개개인의 생존과도 바로 연결되는 변화다. 국제노동기구(ILO)는 수작업을 대신하는 로봇의 확산으로 앞으로 20년간 아시아 근로자 1억3700만명이 일자리를 잃을 수 있다고 경고했다. 스위스 다보스포럼에선 4차 산업혁명으로 2020년까지 선진국에서 일자리 710만개가 사라질 것이란 예측이 나왔다. 저임금 근로자들이 타격을 받는다는 의미다.

필자의 견해는 단순한 일자리 몇 십 만개의 증발이 아닌 인간존엄성의 증발에 더 무게를 둬야 한다는 것이다. 앞으로 4차 산업혁명이 보편화되면 다양하고 전반적인 분야에서 'AI는 인간을 대체하게 될 것' 임을 강조하지 않을 수 없다. 이전의 1차, 2차 그리고 3차에서 촉발한 인간의 생산활동을 지원하거나 부분적으로 대체하는 것과 다르다.

3. 입체적 시각에서 접근하는 전략

과거와 다른 점이라고 하면, 기술이 인간의 보조하는 차원에 머물지 않는다는데 있다. 과거의 제조현장의 오토메이션(automation)이나 물류의 혁명은 인간 작업자의 개입을 최소화 하면서 전체적인 생산성을 높이는 방향으로 발전해 왔다. 하지만, 현재 불붙은 4차 산업혁명은 인공지능, 딥러닝 등의 인간이 따라갈 수 없는 기억, 속도, 알고리즘으로 인간을 작업현장에서 더욱 빠른 속도록 밀어낼 것이다.

기술의 발달로 점차 소외되는 인간의 위상을 확립해 나감은 필수적 과제가 된다. 그렇다고 하여 현존하고 앞으로 기업 자원의 하나로 자리매김될 AI역시 폐기처분 할 수 있는 성질의 것이 아니다. 입체적 시각이라는 것은 현존하는 가장 완벽한 시스템인 '생태계'로부터 그 해결의 실마리를 찾아 나감을 뜻한다.

4. 자연생태계로부터 터득하는 워킹생태계

자연생태계(ecosystem)는 빛, 기후, 토양 등의 비생물요소와 모든 생물 구성원으로 이루어진 생물요소로 나뉜다. 또한, 생물의 기능을 중심으로 생산자(녹색식물) · 소비자(동물) · 분해자(세균 또는 미생물)로 구분된다. 이 구성요소들은 생태계 전반에 걸친 에너지의 흐름과 생태계 내에서의 영양분 순환이라는 2개의 주요한 힘으로 서로 연결되어 있다.

자연생태계의 각 구성요소, 작동원리 그리고 에너지로부터 기업과 개인이 작동하는 또 다른 메커니즘을 도출해 볼 수 있다. 바로 '워킹생태계'다.

'워킹생태계(working ecosystem)란, 한 개인과 기업(조직)이 사회적 근로환경에서 일(자리), 교육(학습), 지식, 커리어 요소 등과 관련하여 워킹플랫폼위에서 평생동안 선순환적으로 상호.작동해 나가는 근로체계를 의미한다.' 자연생태계와 마찬가지로 워킹-바이옴(working-biome)과 워킹-플랫폼(working-platform)으로 구분된다. 워킹-바이옴에는 자연생태계의 생물체계(생산자, 소비자)에 해당하는 개인(생산자,소비자)과 기업.조직(생산자,소비자)이 있다. 워킹-플랫폼으로는 자연생태계의 생활 환경이 되는 서식처(habitat), 자연환경에 해당하는 것으로 기본적으로 자연환경을 포함하여 지구내 사회환경, 우주환경 일체를 의미한다.

[그림1] 워킹생태계 개념도를 통해 이와 같은 내용을 확인해 볼 수 있다.

그림 1 워킹생태계 개념도

5. 기업의 SCM생태계 원리와 강화하기

기업은 워킹생태계의 진단으로 지속가능한 경영상태를 만들어 나가야 한다. 워킹생태계는 곧 기업의 활력과도 같은 것이다. 기업(조직)과 개인의 상호작용이 건강한 워킹생태계 내에서 활발하게 일어날 때 변치 않는 트랜드인 '생존경영'은 유명유실한 상태가 된다.

공급망관리(SCM : Supply Chain Management)에서도 생태계적 접근이 중요하다. 공급망이라는 특성 자체가 지속적인 value chain상의 노드들간의 유기적 상호작용을 동반하고 있기 때문이다. 고객이 원하는 품질의 제품과 서비스를 원하는 시점에 원하는 장소에 원하는 만큼 공급하기 위한 공급망관리의 목표는 바로 공급망 생태계라 할만하다.

SCM생태계(SCM Ecosystem)이란, '공급망 상의 고객(개인, 기업)과 공급자(기업.조직)가 Value Chain상에서 주문, 생산(제조), 배송 등과 관련하여 공급망 플랫폼위에서 지속적으로 선순환적으로 상호.작동해 나가는 공급(망)체계를 의미한다.' 자연생태계와 비교되는 공급망-바이옴(SCM-biome)과 공급망-플랫폼(SCM-platform)으로 구분된다. 공급망-바이옴에는 자연생태계의 생물체계(생산자, 소비자)에 해당하는 고객(개인, 기업)과 공급자(기업.조직)가 있다. SCM생태계는 고객과 공급자간의 유기적인 value chain으로 연결되어 있으며 이를 공급망-플랫폼이 기능을 담당하게 된다. 공급망-바이옴에 해당하는 고객, 공급자들은 공급망-플랫폼에서 상호작용하게 된다. 기업은 공급망-플랫폼의 효율화를 바탕으로 공급망-바이옴의 보다 효과적인 상화작용을 구현해 내고 유지, 발전시켜 나가야 하는 것이다.

SCM에 대한 기업의 고민은, "납기준수, 재고관리가 목표 수준 이하다." "부서간 업무협력, 소통이 잘 안된다." "공급망 효율화가 안되어, 전체 수익률이 지속적으로 떨어진다."라는 측면에서 맞닥뜨리게 된다. 고객과 약속한 납기를 준수하지 못하거나 재고관리가 목표한 수준 이하로 떨어진다는 것은 당장 매출과 수익률 저하를 불러 온다.

만일 이러한 현상에 직면한 기업이 있다면, 상당히 심각한 상황에 놓여 있는 것이다. 고객은 해당 기업의 제품, 서비스를 외면할 것이며 내부적으로 누적된 재고는 자금흐름에 악 영향을 미칠 것이다. 부서간 원활한 소통과 협력의 부재는 성장에 걸림돌로 작동하게 된다. 이러한 SCM관련 심각한 불통과 관련 이슈를 공급망-플랫폼의 혁신을 통해 개선해 나갈 수가 있다. 이와 같은 시각이 바로 'SCM생태계적 관점'에서의 경영효율화라 하겠다.

6. SCM생태계 전략과 특장점

SCM생태계적 관점에서의 전략은 다음 3가지를 거론할 수 있다. 이는 기업의 '생존경영'을 위한 가장 중요한 요인이 될 수 있다.

전략 – 1) '사람'에 집중하고 있다.

SCM생태계는 일,변화의 주체는 '사람'이라는 것에 집중하고 있다. 차별화된 SCM관련 교육프로그램으로 실무역량을 개발하고 업무에 접목시켜 나가도록 한다. 실무를 바탕으로 전문지식을 구비한 인력들은 직무역량을 인증 받는 프로그램에 참여할 수 있다. 유관 협회 등에서 제공하는 SCM자격인증 프로그램 등으로 실무역량을 검증하고 관련 자격을 통해 전문성을 완성하게 된다. 조직과 개인은 실무역량의 완성이라는 관점에서 직무교육과 자격인증 및 유지보수 프로그램에 적극 참여하는 것이 필요하다.

전략 – 2) 변화의 성과 대상인 '조직'에 집중한다.

다음으로 SCM생태계에서는 학습조직화 및 활동으로 향상된 역량을 업무현장에 실질적으로 접목하는 것에 집중하고 있다. 이를 통해 실무역량 개발에 머물지 않고 현장개선과 성과를 창출해 나갈 수 있는 토대를 마련케 된다. 실무에 적용하고 혁신해 나감으로써 교육, 인력양성에 머물지 않고 조직성과를 창출해 나갈 수 있다.

SCM생태계의 작동은 결과적으로 조직 내, 조직과 조직에서 이루어진다. 실무자는 그러한 조직 내에 하나의 노드를 이루게 된다. 보다 큰 관점에서 보면 실무자들이 유기적으로 작동하는 SCM생태계라고 하면 바로 조직이라는 보이지 않는 바이옴(biome)을 마주치게 된다. 실무자의 향상된 역량을 조직-바이옴에서 충분히 작동할 수 있도록 환경을 만들어가야 한다. 그것이 변화.성과 대상인 조직에 집중해야 하는 이유다. 이를 위해서, SCM생태계 내에서는 기존 조직에 크게 영향을 주지 않으면서도 유연하게 수행해 나가기 위해서는 [학습조직]이 대안이 될 수 있다.

전략 – 3) 지속가능 효율화를 위해 '시스템'에 집중한다.

경영효율화를 위한 SCM생태계는 출발은 사람의 역량개발이다. 작동은 조직에 집중함으로써 가능하다. 하지만, 어느 특정 기간이나 일회성에 머무는 경우가 발생한다. 실무인력이 바뀌고 조직이 변경되면 잘 구축된 생태계도 무너질 수 있다. 지속 가능한 SCM생태계를 위해서는 또 하나의 요인이 필요하다. 바로 '시스템'이다. 실무자가 바뀌고 조직이 변경되더라도 SCM생태계가 시스템적으로 플랫폼화되어 있으면 지속가능성을 추구해 나갈 수 있다.

여기서 중요한 것이 순서다. 시스템을 먼저 도입하면 일하는 방식, 사람이 따라 변화한다는 믿음은 매우 위험한 것이다. 일부에서는 SCM생태계적 접근을 하지 못하고 시스템개선만으로 경영효율화를 이루어 낼 수 있다고 주장한다. 현실은 시스템만으로 작동되지 않는 다는 것을 간과한 접근법이다. 사람의 역량향상 > 조직 내 작동환경 구비 > 그리고 시스템화를 통한 지속가능성을 보장하는 단계가 바람직하다.

SCM생태계에서는 위 3가지를 체계적으로 구현하고 실행함으로써, 2019년 '생존경영'을 가능케 한다. 이와 관련하여 [그림2]에서 그 개념을 살펴 볼 수 있겠다.

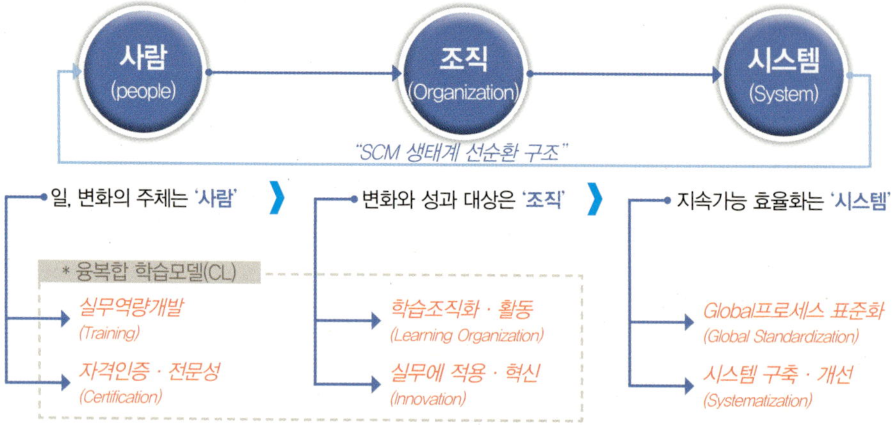

그림 2 SCM생태계적 접근 전략

7. SCM현안 해결을 위한 접근 방법

기업이 SCM관련 중차대한 현안을 안고 있다면 어떤 접근방법을 통해 해결해 나가는 것이 효과적인가를 생각해 보게 된다. 'SCM생태계 전략'을 실질적으로 구현하기 위해서는 어떤 방법론이 좋을 것인가? 세간에는 여러 방법론들이 있겠으나 SCM생태계를 구체적으로 개념화하여 구현해 나가고 있는 KPICS(한국조직자원관리협회)의 'DICS(딕스)방법론'을 살펴보도록 하자. KPICS는 20여 년간 SCM분야 생태계구축과 발전을 위해 유관기업과 협력하여 활발한 활동을 벌여 나가고 있다.

DICS방법론의 첫 번째 단계는, 실무역량에 대한 개발(Development)이다. 이는 직무교육을 통해 공급망-플랫폼상의 바이옴 중의 하나인 공급자 내부 작업자들의 업무역량을 향상시키는 단계라 하겠다. Global Standard process에 기반한 공급망 관련 실무능력을 함양하게 된다.

둘째, 업무개선활동(Improvement)단계이다. 실무역량개발을 통해 향상된 지식, 스킬을 실제 업무현장에서 적용해 나가는 것이다. 여전히 공급망에 대한 실질적 개선이나 변화를 바로 기대하기는 어렵다. 따라서, 업무개선활동 과정에서 현장의 중요한 개선

활동을 해 나갈 수 있는 계기를 마련하게 된다. 이를 위해 요구되는 것이 조직 내 '학습조직'이다. 학습조직은 기존의 조직체계에 영향을 최소화 하면서 변화를 도모해 나가는 유연성을 제공한다. 관련된 조직의 실무자들이 학습조직을 결성하여 현장의 문제를 도출하고 해결해 나가는 활동을 바탕으로 SCM생태계 내의 긍정적인 발전을 만들어 나가게 된다.

학습조직활동을 통해 전반적인 개선점 도출과 성과에 대한 기대점이 확인되면 다음으로 조직 내에서는 '성과체크'과정을 거치게 된다. 바로 SCM생태계의 순환적 변곡점을 가능케 하는 동력을 만들어 내는 과정이다. 향후, 기대점에 대한 확신이 들면 경영층의 지원하에 실질적인 경영효율화를 위한 SCM생태계 혁신 단계에 접어들 수 있다.

마지막 단계는 '시스템도입(Systematization)'단계라 하겠다. 앞서 살펴 본 SCM생태계 도입전략과도 일맥상통한다고 보면 된다. 실무역량을 강화하고 조직 내 학습조직활동으로 업무개선을 실행해 나가는 것이다. 이와 같은 과정이 지속적으로 가능토록 시스템 구축을 통해 비로서 SCM생태계의 선순환 과정이 만들어진다. 이후에는 변화관리과정에서 이와 같은 DICS의 전 단계는 언제든 반복적으로 시행될 수 있다.

이처럼, SCM생태계는 공급망 관리상의 Value chain을 실질적으로 개선하고 발전적 변화를 도모해 나가기 위한 접근이 입체적 관점에서 이루어진다. 고객과 공급자간의 기대수준의 상호작용은, 바로 생태계적 관점에서 '공급망-플랫폼'을 사람, 조직, 시스템이라는 3가지 요소측면에서 구현해 나갈 수 있다.

다음의 [그림3]를 통해 이를 확인해 나갈 수 있다.

SCM 현안 해결을 위한 접근 방법
'DICS-Model' 를 바탕으로 실질적인 변화와 경영효율화를 이끌어 냅니다.

[KPICS DICS Model]

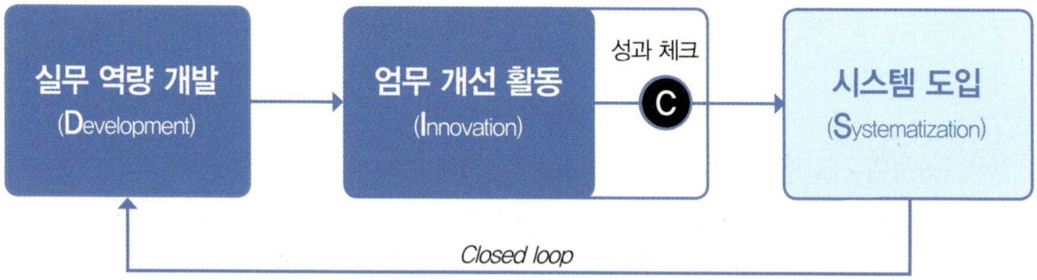

수단 : **교육 〉 tool실습 〉 자격인증**
목표 : 공급망 연관실무자(리더) 실무역량 향상
내용 : Global standard process에 기반한 *CMP지식체계

수단 : **학습조직 활동 〉 성과체크**
목표 : 교육 후 업무 실적용 업무프로세스 개선
내용 : 외부전문가를 멘토링 기반 내부 SCM 체계 개선활동
***성과체크** : 반기/년 단위 성과점검
⇒ 시스템 도입 프로젝트 연계 결정

수단 : **프로젝트**(시스템구축)
목표 : 납기 준수율 향상 재고관리 최적화로 경영효율화
내용 : SCM 솔루션 도입, 프로세스 혁신 정착, 변화관리

그림 3 DICS모델

8. SCM생태계 내의 학습조직 모델

실무자의 역량이 직접적으로 업무현장에 쓰여지기 위해서는 몇 가지 요건이 구비되어야 한다. 통상적으로 '교육을 갔다 왔는데, 왜 성과가 나지 않는가?'라는 의문을 던지는 현장 관리자의 목소리와 연결해 볼 수 있다. 실무자의 역량향상이 업무현장에서 성과로 나타나기 위해서는, 주변 동료들의 인식과 일하는 방식의 변화가 함께 이루어져야 한다. 한 두 실무자의 역량향상이 조직 전체에 전파되기 위해서는 해당 인력의 역할변경도 뒤따라야 한다. 이를 조직 내에서 뒷받침되어야 비로서 역량향상이 성과로 연결될 수 있다.

SCM의 역량향상과 성과창출은 더욱 복잡하게 되어 있다. Value Chain상의 여러 이해관계자가 함께 연결되어 있기 때문이다. 영업부서, 생산부서, 구매부서, 자재부서 및 물류부서가 이해관계자에 해당한다. 한 두부서의 실무자 역량향상으로 SCM체계 전체의 성과가 만들어 지기 위해서는 이들 이해관계 부서 내 실무자들의 동시다발적인 역량향상과 업무개선이 이루어져야 한다.

기존 조직체계를 그대로 둔 상태에서는 쉽지 않다. 부서간의 이해관계가 작용하고 있기 때문이다. 각 부서의 이해관계를 최소화 하면서 유연한 업무개선활동을 벌여 나갈 수 있는 환경을 조성할 필요가 있다. 'SCM학습조직'이 그러한 역할을 뒷받침하게 된다.

[그림4]에서와 같이, 개선활동 주체가 되는 여러 조직(영업, 생산, 구매, 자재, 물류)과 의사결정을 지원하는 경영그룹 그리고 관련 자문과 성과피드백을 제시해 줄 수 있는 외부 전문가(코치)를 함께 연결함으로써 가능해진다.

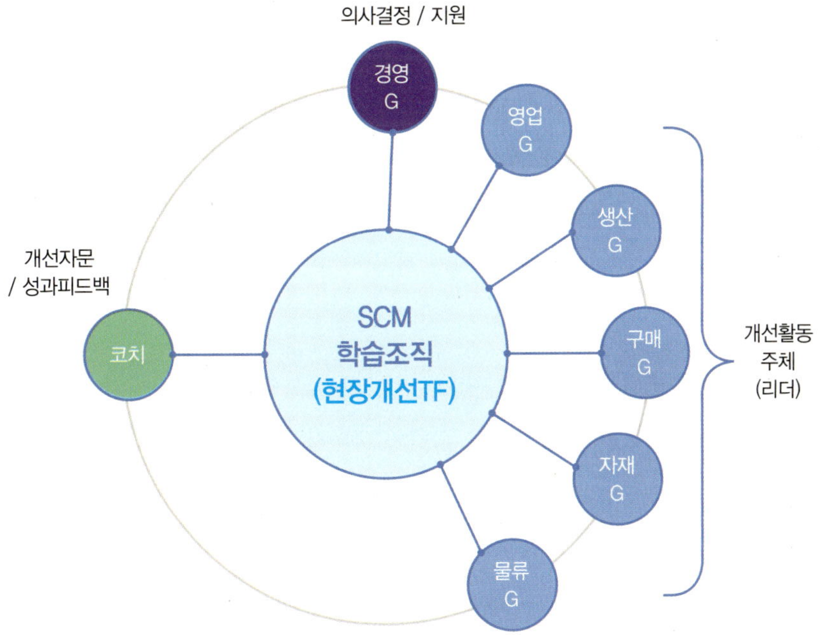

그림 3 SCM학습모델

9. SCM생태계와 기업의 생존제안

4차 산업혁명 시대, SCM생태계는 분명한 기업의 생존전략으로 떠오르고 있다. 다만, 기업의 성숙도 차이로 인해 이에 대한 인식과 도입의 시기가 다를 뿐이다. 자연생태계의 파괴와 복원에는 십 수년에서 수 백년이 걸린다고 한다. 그렇다면, SCM생태계가 무너지고 나서 회복하는데는 얼마간의 기간이 필요할까?

이에 대한 정답은 기업마다 다를 수 있다. 분명한 것은, SCM생태계라는 개념을 인식하기 전에 이미 기업은 회생불가능한 상태로 빠져든다는 것이다. 또 하나는 SCM생태계를 도입하고 나서도 회복을 위한 적절한 시점을 놓치게 되면 역시 기업은 경영활동을 멈추게 될 것이다. 왜 이러한 가정이 현실적으로 가능한가를 들여다 보면 단순하다.

SCM이라는 공급가치사슬(Supply Value Chain)에서 전체의 체적화는 쉽게 달성되지 않는다. 또한, 부분의 최적화만으로 전체 SCM체계의 효율화를 도모한다는 것 역시 기대한 목표치를 만들어 낼 수 없다. 기업은 고객(시장)이 원하는 제품을 적기에 공급함은 물론, 공급망 흐름속에 재고를 최소화함으로써 재고 및 물류비용을 최소화해야 한다. 창고에 쌓여있는 재고는 수익율을 약화시키고 생산활동을 위축시킨다. 연쇄적으로 구매, 영업 등으로 여파가 미치게 되고 기업이 눈뜨고 무너져 내리는 상황을 직면하게 된다.

기업의 생존이 SCM생태계적 접근을 통해 강화될 수 있다. 공급가치사슬 전체 관점에서의 체적화를 도모하기 위해서는 '사람>조직>시스템화'라는 유기적인 연결고리를 완성해야 한다. 실무자의 역량개발이 업무개선활동으로 이어지고 지속 가능한 경영효율화를 위한 방법론을 접목하여 실질적 성과창출을 도모할 필요가 있다. SCM생태계는 여러 형태로 구축될 수 있다. 산업분야, 업종에 따라 분화가 이루어진다. 그럼에도 그 중심축에서는 '실무역량개발 > 업무개선활동 > 지속가능한 플랫폼 구축'이 자리매김하고 있다. 가장 일반적인 SCM생태계의 모습이다.

ICT기술의 발달은 다양한 SCM체계의 모습을 만들어 왔다. 오프라인에서 온라인으로, 중소형 마켓에서 대형할인점으로 그리고 이제는 가가호호 직배송형태로 혁신에 혁신을 거듭해 가고 있다. 소비패턴이 달라지고 그 수단이 바뀌고 있다. 조직과 실무자의 역할도 지속적인 변화가 이루어지는 것이 현실이다. 결과적으로 이러한 모든 노드의 혁신속에서 기업의 생존은 생태계라는 전체와 순환적인 고리를 형성해 내야 가능함을 인지하게 된다. SCM생태계가 그 한 축이 되고 있음을 강조하지 않을 수 없다. 머물러 있지 않고 지속적으로 달려 나가는 태양계처럼 말이다. SCM생태계에 주목하고 기업의 성숙단계에 맞게 구현하고 선순환고리를 만들어 나가야 하겠다.

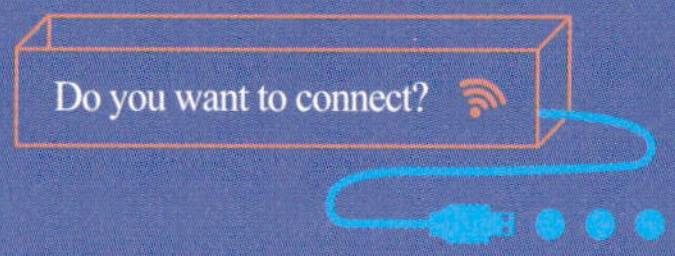
Do you want to connect?

3 PART

Cloud ERP
Do you want to connect?

3부는 이 책의 독자인 여러분이 써 나가시는 부분입니다.

1부의 스토리텔링과 2부의 전문가 경험이 여러분의 현실에서 어떻게 구현되는지를 작성하여 보십시오. 훗날의 Cloud ERP 제2판, 3판에는 여러분의 경험과 노하우가 담길 수 있도록 함께해 주십시오!

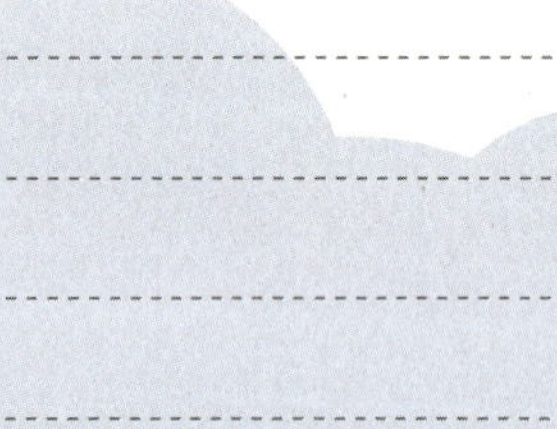